小島貴子

働く意味

GS
幻冬舎新書
045

はじめに

働く悩みにどう答える?

二〇〇五年から二年間、私は新聞紙上で、若い人たちの「働く悩み」に答えてきました。この本はその内容を一冊にまとめたものです。連載中、様々な反響がありましたが、中でも多かったのは、若者たちの上司や親世代の人たちの「こんなことで悩んでいるのか」という驚きの声でした。記事を読んで、彼らの悩みを初めて知った、というのです。

大人世代と若者たちの間には、それほど違いがあります。大人世代にとって、学校を出れば正社員として就職するのはごく普通のことでした。それが現在では、パート、アルバイト、派遣社員、契約社員と正社員以外の働き方をする人が、働く人の三割を超えるまでになっています。

また就職そのものも、大きく様変わりしました。大学生を例にとると、就職活動は三年生の秋から始まり、長ければ卒業時まで続きます。初めて社会に出る人たちにとって、就職は今や人生の大きな壁だ、と私は思います。長く厳しい就職活動、重い精神的なストレス。その壁の前で、彼らは、学生時代に何をしてきたか、自分はどんな仕事がしたいのか、仕事の場で何ができるのか、自分と正面から向き合わなくてはなりません。

採用も、前年に比べ就職率がプラスに転じたのは、ようやくここ数年のことです。現在二五歳から三五歳の年代の人たちが就職氷河期と呼ばれるほどの就職難を経験したことは、ご存じの通りです。平成一八年版労働経済白書によれば、〇五年に四・三％まで改善した完全失業率が、一五歳から三四歳の若い層に限ると六％を超え、依然高いままとなっています。

また働き始めてからも、この本に収められた様々な悩みが示すいくつもの壁が、彼らの前に立ちはだかります。その壁の厳しさを証明するように、就職して三年以内に辞めてしまう人の割合が、大学卒三四・七％、高校卒四八・六％という〇二年の数値以来、高めの横ばい状態が続いている現実もあるのです（数値は平成一八年版労働経済白書による）。

私は自分自身の体験から、人は「働く」ことで新しい価値観を得、人間として成長し、自信を持つことができると確信してきました。キャリアカウンセラーという仕事に就いたのも、その素晴らしさを多くの人に体験してほしい、という思いがあったからです。会社に入ることはスタートであり、その後に続く仕事は決して楽しいことばかりではありません。経験のないことには、誰でもがおそれ、不安に思うのは当たり前のことです。

そのために、大人世代の人たちに、若者がどんな悩みを抱えているのか、理解できなくても知ってほしいと思います。そして「働く」先輩として、その悩みを受け止め、手をさしのべてもらいたい。それが、すべての人が幸せに働くためのスタート地点になるはずだからです。そのためのヒントを、この本から見つけて頂ければ、と願っています。

働く意味／目次

構成　木村礼子

第一章 働くことに対する不安

自分らしい仕事はどうすれば見つかるのか

Q

自分のやりたいことが具体的にわからない。学部で勉強していることが実社会にどうつながるのでしょうか。どういう職種に就職すれば有利なのかもよくわかりません。

（私立大4年／OUさん）

興味のあることはたくさんあるのですが、それを生かしてどんな仕事に就けばいいのかわかりません。この仕事でよかったと思えるような仕事を見つけるにはどうしたらよいでしょう？

（国立大2年／YUCCOさん）

A

第三者に自分探しを手伝ってもらいましょう

「しまったはずの場所にナイ！　わああ〜」というとき、あなたはどう探しますか。

自分の行動を思い出す？　それともいつも置く場所を探しますか。

自分で見つけられないとき、私は探し物発見名人（夫ともいいます）にお願いします。名人は聞き取り調査の末、私の記憶や行動とかけ離れた場所から探し出してきます。仕事探しも結構同じみたいですよ。自分が思い込んでいる自分より、第三者（弱音を吐けたり、一緒にいて楽な人）が見つけてくれる自分の方が、すてきな仕事を探してきてくれたりします。

私が支援してきた経済学部の女子大生は、控えめでおとなしい感じです。大企業の一般事務職希望。何十社も面接し、きちんとした応対で感触もいいのに、最後の最後が通らない。本人にも周りにも落ちる理由がわかりません。

趣味を聞いてみました。映画、それも結末はどんでん返し、ハラハラドキドキする映画が大好きだというのです。嫌いなことは繰り返し作業。好きなことは結果の見えないこと、体を動かすこと。

どうですか？　経済学部だし、事務職希望は順当かもしれません。でも、彼女の心と体は違うものを求めていたようでした。それを一番感じたのが面接官だったのです。

私は、彼女が考えもしなかったエリアから仕事を探してもらいました。好きなことから関連する業界・職種へ発想を広げていく連想ゲーム方式でたどり着いた仕事は「旅行添乗員」。どんなアクシデントが起きるか、最後までわからないのが旅。責任感の伴うこの仕事が、彼女にはピンときたようで、今は、元気に日本中を飛び回ってます。彼女の一言「旅先に興味が広がり、ワクワクします」。

どんな職場なら快適に働けるのか

Q 女性が定年まで快適に働き続けられるのは、公務員ぐらいなのでしょうか？　ドラマとかを見ていて、特にOLさんは大変だなあというイメージがあります。

（立命館大1年／miraiさん）

A **快適さには自分の努力も必要**

あなたにとって快適に働くための条件が何か、自分で見つけることがまず必要ですよね。ただし、この条件も常に一定ではありません。あまりに先のことを予想しても、実際の社会の変化はわからないですよね。一番変化するのは自分かもしれないし。配置転換やら仕事の内容、職場の人間関係にも変化があるわけで、そうなると、何を基準にしたらいいの？　とまたまた疑問が生まれますね。

だから、まずは就職後の目標をいくつか考えてみてはどうでしょうか。目標が一つだと、できない場合にストレスになる可能性があるので、大中小と三つぐらい考えてみて下さい。仕事上でも、生活上でもなんでもいいと思います。目標をある程度達成させるのにどんな障害があって、何が必要なのかもリストアップします。

それらが達成できる環境に近い職場が、あなたの考える「快適さ」に一番近いのではないでしょうか。例えば、ビジネスで使える語学を習得してみたいという目標なら、終業後、語学学校に通える環境（残業が少ないとか）が快適な職場になりますよね。

もう一つ考えてほしいのは、「定年まで快適に」という条件は、「そのために必要なことをきちんとする」ということも目標にもなりうるということ。快適な職場環境を作れるかどうか、自分にも努力が必要だということなんです。

職場の環境は人間同士が作り合うものです。気持ちよくあいさつが交わせて、お互いの仕事を認め合える。私自身、どんなに仕事が大変でも助けてもらえる仲間がいるというのが最高の職場環境でした。「期待はされなくても信頼される人間でいよう」。そう思ってましたよ。はるかかなたの新人時代……。

どんな仕事に就きたいのかわからない

Q 自分のやりたい仕事やこうなりたい、という将来像が具体的に思い浮かびません。自分の中にコレというものが見つからないのは、何か問題があるのでしょうか？　アドバイスをお願いします。

A 探し方を変えてみましょう

「似合わない！」と思っていたデザインや色の服を、人から「似合うよ」と言われて着てみたら思いのほか似合っていたり、電車で着こなしのすてきな人を見て「この服はこう着るとなかなかかも」と思ったことはありませんか。

自分の仕事が見えないときは「私はどんな仕事に向いていると思う？」と人に聞いてみるのも一つのチャンスです。気づかなかった面を教えてもらうことで、新しい自分を開くことができるかもしれません。

私が支援した中で、「お花が好きだから、お花屋さんに興味がある」と言っていた女性がいました。「どんな花屋さんにお客様が集まり、喜ばれるか」という話をしているうちに、彼女は子どもの頃から包装紙にも興味があったことを思い出しました。

それから包装紙やラッピングの仕事を探し始めて、包装関係の問屋さんに就職することになったのです。彼女の志望動機は、「素材を生かす仕事をやってみたい」でした。

ダイレクトに興味を持っていることから発想を広げてみると、可能性はもっともっと広がります。

自分と仕事を結びつけるものを、身近な所から探すのも方法の一つです。連想ゲーム的、インタビュー的な会話を心がけてみませんか。「なぜ今のアルバイトを決めたの」「どこが合った？　どこが合わない？」とか、就職に直接結びつかない話でも構いません。楽しそうに仕事をする友達に「どこにひかれているの」と聞くのもいいですね。人が言語化してくれることで、ヒントが得られるかもしれません。

知らない自分はたくさんあるのです。就職という出来事でそれと出会えるのは、ちょっと楽しいことではありませんか。

何を基準に仕事を選べばいいのか

Q

仕事を選ぶとき、多くの人は何を基準にしているのでしょうか。やりがい？ 給料？ 福利厚生？ 全部欲しいけど、何かを重視すると他はあきらめなくてはいけないことが多いのでは。これがやりたいというものもはっきりしておらず、自分の中に軸がありません。

（立教大4年／マイさん）

A

ヒントは行動パターンの中にあります

どうやら悩みというものは、あいまいで漠然とした状態から生じることが多いらしい。私はそんなふうに感じています。毎回のように「整理、整理」と言ってしまっているのですが、今回もやっぱり、心の中を整理することから始めませんか。

いま現在、何となくひかれている企業の名前を、一度書き出してみて下さい。業種も職種も待遇も違うかもしれませんが、どこかに共通項がありませんか。

ある学生の「気になる会社」は、病院、外食産業、自動車販売会社。一見、脈絡がないのですが、どれも「人が大勢、集まる場所」です。なぜだろう、と考えるうちに「少人数のオフィスで机に向かって作業するよりも、人が集まってわさわさしている所で、動き回って仕事する方がしっくりくるみたい」と気づきました。

「『働く』＝『オフィスでデスクワーク』というイメージしかなかったので、思ってもみない視点でした」と彼女自身、驚いていました。

もし、あなたがじっとしているのが苦手で、日曜日は出かけないと気が済まないタイプなら、外を出歩ける仕事の方が、生き生きとしていられるかもしれません。

また、企業イメージより給与や待遇が気になるのなら、「続けていた趣味をさらに深めたい」などといった理由で、お金と時間を優先的に考えているのかも。会社選びに一生懸命になるあまり、生活の中で大切にしていきたいと思っているものを、無意識のうちに封印しているということはありませんか。

仕事との出会いのヒントは、日常の行動パターンの中に隠されていることが少なくない。就職支援の現場からの実感です。

就職と夢は両立できるのだろうか

Q 私には夢があります。でも、両親は就職を望んでいます。私自身も社会に出て、そこでしかできない経験をしたいとは思います。就職しながら別の夢を追いかけることってできますか。

（流通経済大3年／就活ビギナーさん）

A まず具体的な障害をつぶしてみよう

働きながら夢を実現した人は、実際にいます。以前、相談を受けた中に、トリマーを志望しながら、家庭の事情で専門学校に通うことができない女子高校生がいました。学費を稼ぐため、忙しくて残業の多い会社を選び、三年後に入学。今は立派なトリマーです。

一方、夢を追いすぎて現実の自分を忘れ、取り残されてしまった若者がいるのも事実です。そうした状態から社会へ接続する難しさを知っているだけに、どうお答えすべきか悩みました。夢を持つことは素晴らしいことですし、誰にも邪魔できない。夢の尊さと怖さの両方を伝えよう。そんなふうに考えました。

夢を実現するには、まず、実現を阻むもの（障害物）の洗い出しが必要です。目標と現実の差をはっきりさせましょう。例えば、外国で仕事をしたい、と考えたとすると、

1 語学力 2 現地の情報 3 仕事に就くルートの開拓など、様々な障害がありますよね。

語学力向上のため学校へ行こう↓でも時間が↓費用が、などなど、一つの障害を克服しようとするとまた新たな課題が出てきます。この障害の山を、できるところから一つひとつつぶしていくのです。

夢をいつまで追うのか、あらかじめ期限を決めておくことも必要だと思います。万が一、それまでに夢がかなわなかったとしても、何一つ無駄にはなりません。積み上げたプロセスが糧《かて》となって、以前よりずっと成長した自分を発見できるはずです。

あなたにとっては、ご両親の理解を得るのが課題の一つですね。夢の実現に向けてどう取り組むのか、できるだけ具体的に説明し、困難を克服しようとしていることを伝えて下さい。親は子どもの最高のサポーターだ、と私は思っています。

社会人になるために準備することは

Q 社会人になるに当たって身につけておくべきことには、どんなものがあるでしょうか。大学は勉学の場で、社会常識などを教えてもらう機会がありません。いきなり会社に入った場合、それまでの生活常識では対応できないのではないかと思います。学生は何も知らないとか、よく耳にします。学生として最低限身につけておくべきエチケット、常識類にはどんなものがあるのかがわかると、役に立ちそうな気がします。

（阪大3年／陽気妃さん）

A **「私は」を主語に、自立の練習を**

いよいよ社会人。緊張と不安で「何か準備しなきゃ！」って焦りますよね。不安の理由の一つは、待ち受けているのが知らない世界だということ。もう一つは、自分に少々自信がないということかもしれません。未知の世界へは好奇心を相棒に、楽しみにしながら行って下さい。今回は、どうしたら入社までに少しでも自信が持てるか、を考えました。

社会人として最初に求められるのは、様々な意味で自立することではないかと私は思います。例えば、自分で考えて意見を言ったり、行動したりすることです。会社では、仕事は大抵チームプレイで進めますが、それぞれに使命が与えられるので、自分で判断しなければならないことが出てきます。

もし、上司にあなたの発言の根拠を尋ねられ、「先輩の○○さんがそう言ったので」と答えたら、信頼は得られないかもしれません。また、「取引先はどう考えているの」と聞かれて、「こう考えていると思います」と答えたら、「『思う』じゃダメ。もう一度聞き直して」と言われかねません。

力をつけるために、「私は」を主語にするトレーニングを始めてみてはいかがでしょう。友達との会話でも、ゼミでも部活動でもいい。皆と一緒でいいと言わずに、私はこう考える、私はこうしたい、とあえて多用するのです。旅行の幹事になって、人の気持ちを察することや、人が気づかない点に配慮することなどを経験するのもいいですね。

社会人と同じ時間に起き、自分で朝食を用意し、掃除、洗濯してから大学へ、という生活をしてみるのも一つの方法です。制限された時間の中では知恵と工夫が必要になりますし、発見も生まれます。親任せにしていたことを自分でする。独り立ちへの第一歩です。

リーダーシップは必要なのだろうか

Q 大学時代、数社の面接で「リーダーシップを発揮した経験がありますか」と聞かれました。就職する人には、必ずリーダーシップが必要でしょうか。私は正直、他人を率いるというタイプではなく、誰かをサポートする方が向いているので、就職活動の際、悩みました。

（司法書士試験勉強中／25歳）

A サポートも立派な能力

そうですね。確かに就職活動の際の面接では、リーダーシップについてよく聞かれます。まず、その理由を考えてみましょうか。

そもそも会社に入ると、ほとんどの場合、チームで仕事に取り組むので、一定の年齢を過ぎると、誰もがある程度のリーダーシップを求められます。また、雇用形態が変化し、非正規雇用が増える中、多様な立場の人を束ねることができるかが、正社員の要件の一つになっているのではないでしょうか。ビジネスのスピードが速まり、利害関係が複雑になって「素早く的確な判断を下せるか」「交渉する耐性、理解しようとする姿勢を持っているか」も重視されています。これらもリーダーシップの要素だと思います。

でも、誰もが学生のうちから、企業の求めるリーダー像に当てはまるかというと、そんなことはありません。むしろ、あなたのように「私はリーダーには向かない」と考えている人の方が多いというのが実感です。では、そんな「縁の下の力持ち系」の人は、面接でどのように答えればいいのでしょうか。

これまでの経験を振り返り、リーダーをどのようにサポートしてきたか、思い出してみて下さい。リーダーが力を発揮できるよう、どのように心を砕いたか。失敗をどうフォローしたか、あるいは未然に防いだか。異なる意見をどうやって伝えたか。

サポートタイプの人は、リーダーの目の届かない点に気がつく人でもあります。これらはすべて立派な能力ですし、リーダーに求められる要素から、そんなに遠くないのです。

企業の求めるリーダー像に無理に自分を合わせようとしても、矛盾が出てきてしまいます。持っている力を、臆することなく伝えて下さいね。

何を「軸」に仕事していますか

Q

仕事をしていると、大変で辞めたくなることもあるかと思いますが、皆さんは何を軸にして乗り越えるのでしょうか。就職したら長く勤めたいのです。3年で辞める人が多いと聞くと不安になります。

（立教大3年／かおりさん）

これまでの人生の倍の期間、同じ仕事に従事し続けることに、まったく実感がわきません。どうしたらこれから先の四〇年を見通した仕事選びができるでしょう？

（文教大4年）

A

三〇年たって見えてきた価値観

私自身の「仕事の軸」は何だろう？　そう考えて、順を追って振り返ってみました。

1　今の仕事にたどり着くまでの興味・関心の変遷

2　今の仕事との出会い・きっかけ
3　今後の展望
4　仕事を辞めたくなったとき、悲しかった・苦しかったこと
5　仕事で楽しかった・うれしかったこと
6　その時々の周りの環境（職場・家庭・友人）
7　その時々の社会状況と個人的なトピックス

ざっと書き出してみたところ、私が一貫して興味を持ち続けていたのは「教育」と「人間」でした。最初に入った銀行で受けた新人教育が今も土台になっていますし、その後の様々な出会いが私を支えてくれています。今後、所属する場所が変わったり、生活環境が変化したりしても「教育」か「人」にかかわる仕事に就ければ満足感を得られるのではないか、と納得しました。

でも、これは三〇年近く働き続けてわかったことです。二〇歳の頃はこんなに長く働

くとは思っていませんでしたし、まして、こうした仕事に興味を持ち、軸とまで言えるようになるなどとは想像もしていませんでした。皆さんの軸も、これから大きく太くなっていくのではないでしょうか。

軸を成長させる仕事を探すには前述の七つをヒントにして下さい。1〜3の「仕事」は「就きたい仕事」「興味がある仕事」に、4、5は部活やアルバイトなど、一生懸命やったことに置き換えるのです。何かしらキーワードやエピソードが出てくると思います。

社会の変化は、今後ますます速く激しくなるでしょう。そのときこそ、この「軸」が、生きる上、働く上での羅針盤になります。軸とは、他から大きく振り回されることのないあなた自身の価値観。「守りたいもの」「大切にしているもの」だと私は考えています。

社会人になって変わった点は

Q 小島さんが社会人になって、一番変わったと思うのはどんな点ですか。また、仕事をしていて理想と現実のギャップを一番感じるのはどんなときでしょうか。

A **私生活にも責任を痛感**

社会人になって（およそ三〇年前です）、痛感したことが二つあります。一つは、時間は自分のものであると同時に全世界共有の財産でもあるということ。時間に遅れたり、守らなかったりするのは相手の時間を奪うことに等しく、時間は後で返すことができない、ということです。

二つ目は、プライベートの場面でも、オフィシャルを意識しなければならないことがあるということ。私の最初の仕事は、銀行の窓口担当でした。ある日、仕事帰りに私服で歩いていたら、バッタリ出会ったお客様に「イメージが全然違うね」と言われました。制服姿とのギャップもあったかもしれませんが、やはり、あまりにくだけた服装に違和感を持たれたのでしょう。

「私生活にまで銀行員を引きずるのは、ちょっと」と思いましたが、顧客からの信用が大切な仕事なのだから、私生活にもある程度の責任を持たなければと考え直しました。社会人になるということは、公私ともに自分を管理することでもあるかもしれません。

理想と現実のギャップは……ないです。理想を掲げるときはまず現実を見て「これよりもこうしたい」と現実ベースの理想を描くからです。あるとすれば、想像と現実のギャップ。勝手に自分で作り上げた想像と、現実とが食い違うことは多々あります。

就職では、インターネット情報や会社概要だけでイメージを膨らませ、入社してみると違った、ということが少なくありません。就職活動のときこそ、想像の前に現実を。

世間話が苦手でも就職できるか

Q 昔から、初対面の人との応対が苦手で苦労してきました。誰とでも気楽に世間話ができる友人を見ると、性格かな、とも思います。私の場合、どこまでなら世間話になるのかその判断がまずできません。考えてばかりで結局何も話せず、気まずくなってしまいます。こんな私でも、就職してやっていけるでしょうか。

（私立大3年／さとるさん）

A 差し障りのない話題を決めておく

大丈夫、就職してもやっていけますよ。あなたが気楽な世間話をしているときって、どんなときですか。基本的に、職場での会話はほとんどが仕事の話です。職場の人と世間話ができないと、コミュニケーションがうまくとれないのでは、という心配は要らないと思います。

ただ、初対面の人と応接室で面談をしたり、一緒に食事に行ったり、という機会は当然出てきますよね。本題に入るまでの、軽い世間話。職場の仲間になら「自分から話すのは苦手なので、どんどん話しかけて下さい」と言えますが、取引先の人にはそうもいきません。

私はそんなとき、よく名刺交換の後、相手の方の名前を話題にします。「暁さんというお名前は、どういう由来なのですか。さとるさんとお読みするんですね（裏にローマ字表記がよくあります）」というふうにです。それをきっかけに、先方の名前も覚えてしまいます。

人の名前には、親ごさんの思いがこもっていて皆物語があるんですね。相手にとっても、名前を何度も呼ばれるのは、気持ちがいいものです。そうやって世間話がうまくいった経験を重ねていけば、もう怖れる必要はありません。

気をつけたいのは、世間話のタブー。年齢、既婚か未婚か、子どもの有無、出身地などはプライバシーに関わる部分なので聞かないこと。私も銀行員時代に、女性の大先輩にいきなり年齢を聞いて、しばらく口をきいてもらえなかったことがあります。くれぐれもご注意を。

結婚や出産のブランクは埋められるのか

Q 女性にとって結婚や子育ては大仕事だと思います。私は一生働き続けたいのですが、実際に出産したら、子育ての間フルタイムで働くのはしんどそうです。ある程度子どもが大きくなるまで、家庭に入ることになるかもしれません。周りには、家庭を持ち、子育てもして管理職になっているような女性がいません。不安なまま就活をしたくないのですが。

A それも立派なキャリアです

ごめんなさい。私は二二年前、出産退職をしました。マタニティー制服を作るぞぉ～ってぐらいに頑張りたかったけど、前例もなかったし、今みたいな育児支援制度もなかった。孤軍奮闘する自信も根拠もありませんでした。

今回の質問で思ったこと。

「壁が厚くて崩せなかったとしても、穴を作るとか探すとか、周りも巻き込んで打開策を考えればよかった」

でも、もし今なら。育児休業制度もあるし、保育園だって増えた。男性か女性かより、働く意欲や能力があるかが重視されつつある。

あなたは結婚や出産を「ブランク」だと言うけれど、それまで関心のなかったフィールドに目を向けるきっかけになって、新しい提案や改善ができたら、それは「立派なキャリア」。私も、七年間の専業主婦生活が今の大切な基礎だと思ってます。

管理職についている女性は確かに少ない。でもパーツモデルとしてすてきだと思える女性はいませんか。私は自分の方向性が怪しくなったとき、興味のある人やカッコいい人、尊敬している人、という感じでランダムに十人列挙して、それぞれのどこにひかれているのか考えます。働き方？　生き方？　ファッション？　心根？　そうすると、自分が求めているものが見えてきます。

ロールモデルを作る手もあります。候補は、身近に存在する可能性が大！　どこかを見習いたい、そんな人を見つけたら、本人に「きっぱりとした処理の仕方にあこがれてます」など、見習いたい所を具体的に伝えましょう。

後輩からの声は、先輩にとっても成長するチャンス。あらを探したり、足を引っ張ったりするのではなく、良い所を探してきちんと伝える。そうすればその先輩がモデルになってくれるはずですから。

趣味を仕事にしてもいいのか

Q とにかくスポーツが好きで、スポーツに関する職業を目指すつもりです。一方で、「ただ好きだから」という理由だけで目指していいのかと悩むことがあります。求人があまり多くないこともひっかかりますし、好きなものは趣味で終わらせてしまえば、という周りの意見も気になります。

（宮崎公立大3年／蓮さん）

「趣味は仕事にしないほうがいい」と耳にします。本当にそうだと思いますか。

（中央大3年／まるさん）

A **好きなだけでは働けない**

趣味ってなんだろう、ってことから考えてみませんか。

履歴書にも「趣味・特技」の欄がありますよね。趣味は、とっても個人的な、エネルギーを発散できる大切なものです。自分の時間と情熱とお金を使ってでも没頭できる、あるいは没頭したいことです。「今日からあなたの趣味はこれ！」と、他人から決められたり、強要されたりするものではありませんよね。だから、それを仕事にできれば最高！ってことにもなるのでしょう。

確かに、大好きなこと＝趣味なら何時間でもできると言える人もたくさんいます。でも、例えば、ゲームが大好きで試作ゲームの間違いをテストする仕事に就いたとしたら？　はまるゲームなら時間を忘れられるけど、何十時間も強制されたら、きつくなるかもしれません。

一生好きでいたいのなら、大好きなことを仕事にするのはちょっともったいないと私は思います。ほんの少し興味があって好きなことを仕事にできたら、欲が出たり、もっと好きになれたり、仕事が面白くなる可能性があると思いますが、大好きなものを仕事にしてしまうと、それ以外の時間でリフレッシュするのが難しくならないかな、って心配です。

私は今、仕事が大好きです。好きだったから仕事にしたのではありません。十数年仕事を続けていくうちに発見があり、喜び・苦しさを知り、それが自分の財産と思えるほどになったからです。

仕事には、好きの前に基本的な責任が発生すると思います。趣味という領域ではお金は頂けないと思っています。趣味はあくまでも自分が楽しんだり満足したりするもの。仕事とは区別した方が長く大切にできるかもしれません。

何が正社員として働くメリットか

Q 派遣社員、契約社員、そして正社員と、雇用形態はいろいろありますが、正社員のメリットとはなんなのでしょうか。また私は地方出身なので、就職を機に実家へ戻ることも考えています。正社員での地元就職か、それとも第一志望の業界にこだわってアルバイトでも希望の仕事に就く方がいいのか悩んでいます。

A **正社員なら、将来「責任ある仕事」が担える**

世の中には、秤《はかり》にかけられるものとかけられないものがありますが、あえて正社員と非正社員を秤にかけるとすると、「責任のある仕事をやれるチャンスが多いか、少ないか」という違いがあります。同時に「自分は責任のある仕事をやりたいか、やりたくないか」も秤にかける必要があります。そのとき、「今」だけでなく「これから」はどうか、も考えてみて下さい。

若いうちは責任のある仕事に就ける可能性は低いでしょう。しかし、正社員であれば、上司や先輩のもと、責任ある仕事の末端で働くことでいろいろなことを吸収し、仕事の取捨選択の基準や優先順位のつけ方を知る機会もあるでしょう。上司・先輩からの叱責《しっせき》も、「伝えたい」「教えたい」という姿勢の表れだと思います。正社員でない場合、残念ながら「いつかはいなくなるかもしれない人材」として見られ、長期的・教育的な指導は望めないかもしれません。もちろん、非正社員にも分け隔てなくきちんと仕事を教え、チャンスをくれる企業や先輩も存在します。両者の違いは、雇用条件の差よりも、継続して仕事にかかわれるか、責任ある仕事を担うのに必要な教育を受けられるかの差の方が大きいかな？

仕事の大変さに正社員と非正社員の違いはないでしょう。自分を縛られたくないと、非正社員を選択している人もいます。私は、正社員がイイと強要しているのではありません。ただ、仕事って、続けていくうちにもっと挑戦したいと欲が出たり、責任を持つことに喜びを感じたりすることもある。そのとき、それまでの経験が生かされない立場だったら。もったいないです。ほんの少し先のことも視野に入れて、選択し、決断してほしいなと思います。

結婚や子育てとの両立に不安

Q 社会に出てから子どもを持って、家庭と仕事を両立できるか、不安でたまりません。子どもを3人は欲しいと思っています。心豊かに生き生きと働きたいと思うことは贅沢《ぜいたく》なのでしょうか。

（国立大学大学院2年／野ねずみさん）

結婚、出産、子育てなど先のことを考えると悩みが多く、研修医として働く先をなかなか決められません。うまく両立するにはどうしたらよいでしょうか。

（鳥取大医学部6年／きえさん）

A 人と違っても自分なりの道を選ぼう

日本で女性という性を持つということは、役割をいくつも持つことだ、と日々私は感じています。社会人、主婦、妻、嫁、母、個人。私はこの六つを使い分けています。

子どもを産む選択をしたときは、「仕事している五年後の自分」があまり想像できず、仕事を辞めることにしました。七年間、専業主婦をして、再び仕事に就いたのは、子どもが六歳と三歳のときでした。

何らかの方法で仕事と家庭を線引きしないと自分が苦しくなると思い、家族でルールを二つ決めました。そのときの家庭内弱者（＝子ども）を優先して生活することと、親の代わりでできること、できないことを選別することです。代わりをしてもらえそうなことはどんどん人に頼み、親にしかできないと思ったことは、時には仕事より優先させました。

最初の数年、給与はほとんど保育料になり「何のために働いているの？」と悲しくなったことは何度もあります。でも、今は成長し手が離れた我が子を見ながら、働く場所があることのありがたさをかみしめています。子育て中は一人で背負い込まず、応援団を多数、作って下さい。人に頼ることや思うように仕事を進められないことで自分を責めずに、「できるときに返そう」という割り切りも大切です。

今のうちにしておけることも、もちろんあります。普段から意識して、自分で決断する力をつけること。人に聞いて、とか人と同じ、じゃなくてね。人生は往々にして、計画通りにはいかないもの。その時々で臨機応変に、決断し、選択するしかないのです。そして、選んだ仕事に真摯《しんし》に取り組む。すぐに結果が出ることと、出ないことがあるんです。身につけたことが将来、思いもよらない場面で生きてくるかもしれませんよ。

第二章 就職活動に抱える不安

ピンと来る仕事に出会わない

Q どこの会社説明会に行っても、「ここがいい」ではなく「ここでもいいや」と思ってしまいます。実際に働いてみないと、その会社が自分に合うのかなんてわからないと思ってしまいます。また、彼氏に「男は死ぬ気で働いて昇進しないといけないけど、女なんかがんばらなくていいんだ！」と断言されます。やはり、まだそういう考えの人が多いのでしょうか。

（法政大４年／りんごさん）

A **流されず自分の基準を持ちましょう**

あなたは、彼とおそろいのモノ持ってます？　友達の服や持ち物が気になってチェックしちゃったりすること、ありますか。

仕事を探すときも友達や彼の影響ってありますよね。他人と同じだと安心な気持ちになれますから。でも、ちょっと待って！　一番大事なのは、それが自分に合っているか、自分が求めているものかどうかです。大勢の人が良いという理由はあるでしょう。でも、それはあなた自身がほしいものですか。

情報は大事です。でも、他人の意見に流されないで、自分の内面基準をしっかりと言語化することから始めましょう。あいまいなイメージのままでは、実際働いたとき、「えぇ〜っ、想像と違った」というリアリティ・ショックが待ち受けています。これは、仕事の現場を知らないことだけでなく、自分自身が未整理でも起きます。

自分に合った仕事とは、「価値観・興味・能力」を探ることからスタートします。

1　働く上で大事にしたいこと
2　生活で大切にしたいこと
3　社会で重要だと思うこと

4　少し自信を持てること
5　これから挑戦したいこと
6　興味があること

これら六つのことをそれぞれ五つ以上、書き出して下さい。書き出せたら優先順位をつけて下さい。これは、「何のために働くのか」が明確になる基準です。

あなたの彼の基準は「一生働くこと」のようですね。この価値観は彼自身のものです。世間にはまだ、「女はがんばらなくてもいい」という考えが見え隠れしてます。自身が働く意味をしっかり整理し、伝える力を持たないと、他人や社会に振り回されてしまいますよ。あなたの基準は何でしょう。働く基準は、自分が自分の中から見つけるものです。

両親に就活の相談をしたいのだが

Q 両親は公務員で、一般企業への就職をあまり快く思っていないようです。受けた会社を言うと、「そこはよくないんじゃない？」とか、「仕事っていうのは、あなたが考えているほど簡単じゃないよ」などと言われるので話しにくいのです。「こんな内容、よく書けるね」と言われそうで、エントリーシートや履歴書のチェックも頼めません。大学の就職課以外に、親世代の方のアドバイスをいただける方法はありますか。

（私立大４年／女性）

A **働き始めた頃のことから聞いてみる**

ドラマや小説で、落ちがわかるといきなり興味が半減しますよね。ご両親は人生と仕事の先輩として、自分の経験で考えた最高の結末だけを語ってしまったんですね。

ぜひ、ご両親が教師を選んだ理由を聞いてみて下さい。聞き方の極意を一つ伝授しましょう。「事実」→「感情」→「未来」の順で聞くのです。これは、集団面接などでも十分応用できます。

まず、ご両親は今のお仕事に誇りと自信をお持ちですから、その事実を知っているというところからスタート。そして、

1　どういうきっかけで教師を選んだのか（事実選択・決断）

2　働いていて楽しかったこと、つらかったこと、喜びなどを笑顔で聞く（感情と交流）

3　これからの職業生活をどんな視点で考えているか教えて、と真剣な表情で尋ねる（未来と共感）。最後に、「そうだったのか。すごいね」など、感情を伝えて下さい。

子どもが就職活動をしていると、親はハラハラすると同時に苦労させたくないと思う

ものです。確かに働くことは、考えているほど簡単じゃないでしょう。しかし、自分が興味を持った会社で、仕事がどの程度大変なのか、挑戦するのが若者の特権です。

ご両親も、多分最初から仕事ができたわけではないですよ。仕事の苦労と楽しみを交互に感じながら成長されたのです。そのときのことをまず、思い出してもらいましょう。

私も公務員としてやりがいのある仕事をしてきましたが、今は立教大学で新しい仕事を始めました。若い人たちが、大学で学んだことを社会でどう生かせるか、社会・会社と大学をつなぐ仕事をしています。私自身の仕事もまだまだ成長途上なのです。

インターンシップの意味はどこにある？

Q 最近増えているインターンシップですが、社会に出る前に経験しておいた方がいいのでしょうか。インターンをして感じた会社の厳しさは、私たち学生にとってかなりのもの。そこでつまずいてしまう学生もいるんです。でも、それって会社に出ればみんなが経験することですよね。学生にとってのインターンの意味、企業側からみたインターンの意味っていったい何なのでしょうか。

(慶応大2年／茉莉さん)

A 社会や自分を知る一つのチャンス

経験できることは何でもやっておこうって言いたいところですが、目的が理解できないと結果が出ないものもありますよね。

では、インターンシップの目的は何なのでしょうか。就職の前哨戦としてのアピール？　企業リサーチ？　エントリーシートに記入する経験談のため？　会社で実際にどんな仕事をしているか、実感できる数少ない機会だから？

一番肝心なのは、何のためにするのかを自分自身が明確に理解しておくことです。

二つめのポイント。複数の企業で経験できるわけではないので、どうしても、自分の行きたい業界・企業に目が向きます。本当にその業界・企業に就職したいなら、それが王道でしょう。「本命」と取引のある業界・重要な関連企業を経験するという考え方もあります。「本命」を別の視点で客観的に見られますし、入社試験でもアピールできます（結構難しいけどね）。

三つめは「ギャップ」をどう受け止めるか。初めての経験の前に頭の中で想像する「予行演習」は、自分に都合の良いものになりがちです。だから実際に体験すると、「現実は厳しい」という言葉が出てきます。先入観を捨てて、好奇心と「なぜ」という視点、それから工夫という観点を持って臨むことです。

私の本音は、インターンシップを就職の道具にしてほしくないですね。社会を感じる・知ることから、企業の存在意義や働くことを考えてほしいのです。会社を選択することは人生の大きな決断の一つ。企業だけでなく、世の中の人と流れ、それから自分自身を知ることが、選択の基準になるのではないでしょうか。学んだことをどう生かせるのかを考えながら企業体験をしてほしいと思います。

働いていなかった空白期間を履歴書にどう書くか

Q 学校卒業後、八年間引きこもり状態になってしまいましたが、少し前からアルバイトができるようになり、今度就職活動をしようと思っています。さしあたって、履歴書を書きたいのですが、引きこもりの期間をどのように書いたらいいでしょうか。

A **聞かれる前に話す勇気を**

外の空気はどうですか。ちょっとしんどいかもしれないけど、刺激で自分が少し変化していくかもしれません。いきなりよりも少しずつ。一歩一歩、刻みましょうね。

履歴書の左側はその人の経歴。右側は資格・趣味・志望動機を書くことになっています。履歴書を見た会社はまず、卒業から今までの空白に「?・?・?」と思い、「この八年間は何をしていたのか」って疑問を感じ、今の状況を見ます。

自分が隠したいと思っても、他人は隠されたところが納得できないと先へは進みません。逆に集中して突っ込んできますから、聞かれる前に伝えてしまう勇気が道を開く、といつも私は言っています。

だから、志望動機では「私は、正社員として社会に出る自信を持てませんでした。日常生活で少しずつ経験を積もうと、アルバイトで自分のできることを増やしてきました。今は充実した生活を送れるようになり、もっと責任ある仕事を任せられる存在になりたいと考えています」と正直に伝えましょう。

それは本当に大変ですが、今の自分を肯定しようね。過去があるから今があるのだから。「引きこもった時間を問われるのが嫌」で「後悔して自分を責める」のはやめようね。まず、得意分野を探すこと。アルバイトの仕事の中で少しでも自信を持てること、それを他の場所でどう使えるか考えてみよう。

そして得意分野を少し広げるために、アルバイト以外の場所にも首を突っ込んでみない？　会社を探しながら社会をのぞく感覚で。例えば、介護ボランティアとかね。

焦らないで。アルバイトから契約社員、そして正社員でも大丈夫。二七歳。まだ若い！　今は未来の過去。未来のために今を精いっぱい生きよう。

どうすれば自分に自信が持てるのだろう

Q 就活では必ず自己アピールが求められます。でも、アピールするほどのものがあるのか自信がありません。他人と比べて飛び抜けたところはあまりないような気がします。そんな私が、どうすれば自分に自信を持つことができるのでしょうか。

A 「自分像」を拡大解釈したら

私は、今までに数え切れないほどの就職の悩みをうかがってきました。小島的ランキングで一番多いのが「適職がわからない」。二番目が「自分に自信が持てない」。

この「自信が持てない」という悩みなのですが、想像してみて下さい。あなたのアルバイト先に容姿も学力もすべてに自信満々の人がやって来て、あなたが指導担当者になりました。その人は年下で経験はありません。やりやすいと思いますか。それともやりにくいと思いますか。

やりやすいと感じるなら、大丈夫。あなたは他人への信頼感を持ち、責任を持って自分の仕事をやり抜ける人です。やりにくいと感じた人。安心して下さい。他人に配慮できる、協調性のある人です。

「おいおい、小島！　調子いいこと言うな」って？

同じ局面でも、その対応にはその人の良さが必ずあります。自信のない人は、当たり前だと思って行動していることの素晴らしさを見過ごしているだけです。他人はそれをちゃんと見いだすものです。

自信を持つことは、新しいことに挑戦するとき、大切なよりどころとなってくれます。では、それをどうやって見つけるか。日ごろ少し気を使っていることや、よくある出来事を思い出して下さい。

もう一つ、自己アピールは「何々をした」という成果ではなく、経験のプロセスの中で得たことを伝えることでもあります。

先日、ある人が「私は観光地に行くと必ずカメラのシャッターを押してくれと頼まれます。気が弱そうに見えるからですね」と、しょんぼりと訴えてきました。ありゃりゃ、それは大変な自己ＰＲですよ。

「私は観光地では必ずカメラのシャッターを押すのを頼まれます。友人にもいろいろなことを頼みやすいと言われ、うれしくなりました」

どうですか。自分への見方を少し拡大解釈してみませんか。きっと新しい自分がいますよ。

その会社の現実の姿をどうつかむか

Q 企業案内には聞こえのいいことしか書いてないし、ＯＢ訪問してもさほど親しくなければ実像に迫るのは難しい。実際の業務のつらさなど、マイナス面を知るにはどうしたらいいか。

（法政大４年／女性）

A 「入社三年」の姿を聞こう

「よし、ここだぁ！」って会社に入ってみると、「あれ？　違った！」。でも、長居は無用と早々に退職をしてしまうと、履歴書にわずかな期間の在籍を記入することになります。転職のたびに「なんでこんなに短期間で辞めたの」と聞かれ続ける、大変なハンディを背負うのが現実です。

さっさと辞めようと思って入社する人はいません。しかし、入社前にわかることが少ないのも現実。インターンシップ等を積極的に活用してほしいと思っていますが、すべての会社がインターンシップを導入しているわけではないですし。

では、どうするか。有効なのは「企業説明会」や「合同面接会」です。二つの利点があります。一つめは、知らない業界や企業を知ることができる。選択肢をたくさん持つことが、就職には一番必要なことですから。二つめは、気になっている企業で実際に働いている人に直接質問できる。

では、何を質問したらいいんでしょう？　「御社で入社三年前後の方々は今、どのようなお仕事をされていますか。特徴的な仕事の例を教えて下さい」。

この質問は、説明会を任されている人が、三年めぐらいの人間を具体的に知っているかどうかを知る手がかりになります。イメージがわく三年めがいるということは、その期間にある程度成長できる職場だと考えられます。また、入社後どのようなステップで新人が異動していくか、社員自身が理解しているということにもなります。

さらに、説明会では社員の様子を観察してみて下さい。ブースに活気がある。説明に自分の考えが盛り込まれている。表情に自信がある。そんなことから働いている実態が少し見えます。さぁ、就職活動はまだまだこれから！

内定が出なくてつらい

Q 就活がうまく進まず苛立っています。ここから挽回する方法があれば教えて下さい。

A 大学の就職担当はあなたの味方

おなかが痛くて運転しているときって、焦るから急に視野が狭くなるし、注意力は急激に落ちるし、すごく危険ですよね。この時期の就職活動も同じ。とても危ない。でも、焦るよねぇ。早く楽になりたい、これが本心。就活はストレスの連続だし、周りが決まっていくと「どうして私だけ」と自信がなくなって、気持ちがなえてくる。でも、先送りしてもいつか就活生活に戻ることに変わりはありません。だから今あきらめないで。

じゃあ、どうしたらいいか、と言うと、まず自分は就活のアマチュアだと認めること。学生はどんなに回っても数十社だけど、採用側は何千人という学生と会ったプロ。どっちが強いかは一目瞭然《りょうぜん》。でも、身近にすごい応援団がいることを知っていますか。

そう、大学の就職部やキャリアセンターです。自校の学生の強みや弱みを熟知し、企業・業界別の求人ニーズや採用状況などのリサーチ、他大学との意見交換もしています。

就職部に顔を出したことのない人、足が遠のいている人、もったいない！　プロのサポーターは、これまでうまくいかなかった理由を客観的に分析し、個別の対策を考えてくれます。それに、就職部には、そこの学生がほしいという求人が来ているんですよ。今年は企業の採用意欲が高くまだチャンスがあります。どんどん相談しましょう。

そのときのポイント。これまでの就活をきちんと整理して、

1 最もよく書けたと思うエントリーシートを持参する
2 面接まで進んだ業界・職種を具体的に伝える
3 今の思いを正直に伝える
4 支援してほしい内容を積極的に話す

この四つのことを心がけてください。整理がうまくできない人も大丈夫。一生懸命応援していますよ。安心して！

面接の練習法を教えてほしい

Q 希望している会社から内定がもらえません。面接で通らない、というのが主な原因です。自分で理由を考えてもわかりません。面接をうまく通る練習法がありましたらお教えください。

A 面接官の立場になってみよう

なぜ面接試験をするのでしょう？　エントリーシートや履歴書では感じられない「ナマのあなた」を知りたいからですよね。それともう一つが「最終直接確認」です。

応募書類の内容はなかなかいい。だけど、ちょっと気になることがある。それを直接本人に会って確かめたい。面接の質問の裏に、そんなことが隠されていることもあるのです。自分では整合性があるように思っていても、企業側には納得いかないなど、本人には気がつかない盲点があることも多いのです。例えば、専攻した学部と志望した企業の業務内容があまりにもかけ離れていると、企業側は「？？？」と不安になります。でも、志望動機にはきちんと伝わる内容が書いてある。そうなると、本人の口から直接、その理由と熱意を聞きたくなります。

では、その「盲点」が何なのかを知る方法はあるんでしょうか。まず、仲の良い友達や先輩などに面接の相手をお願いします。そのとき、答える側ではなく、自分が面接官の役になるのがポイント。そして友人には、今まで自分が面接で答えたことを言ってもらいます。

面接では答えるのに必死で、自分の答えの矛盾や内容の稚拙さなどがわかりません。しかし、面接官の立場になると大変冷静に聞こえてきます。面接の答えで必要なことは、客観性です。面接は自分が言いたいことを言う場でなく、企業と自分の接点、今後の可能性をお互いに感じ合う場面であり、企業が感じている不安や疑問を自らがきちんと説明する場だと理解して下さい。

面接は何度練習しても本番ではあがるものです。面接は緊張してあがるものだと開き直ってもいいでしょう。ただし、内容はいくらでも吟味して丁寧に考えて下さい。

内定をもらったけれど不安

Q 内定をいただいたのですが、そこの会社に決めてよいものか、不安になってきました。ほかにもっとよい会社があるのかもしれない、という気がして踏ん切りがつきません。ぜいたくな悩みかもしれませんが、どのように決断すればいいのでしょうか。

A 不安の根っこを見極めて

内定が出ても、入社までにはまだ時間がある。「本当にこの会社でいいの？　やっていけるの？」「他にもっと会社を見てから決めても良かったのかな」まぁ〜、いろんな揺れる言葉（内定ブルー）が、私にも届いています。内定後、揺れない人の方が少ないですし、他の会社が良く見えるのもごく正常な感覚だと思いますが、いつまでも引きずるのはよくない。卒業までに準備しておくことはたくさんありますからね。

でもぉ、やっぱり～、という人は、会社を決めた決定的な理由をもう一度思い出して下さい。どこにひかれて選考試験を進みましたか。もし、良さが見えず、ただ内定がほしかったというのなら、もう一度、会社を三六〇度、全方向から見渡して下さい。

「気に入った点」と「気に入らない点」を全部書き出してみる。気に入らない点が気に入った点よりもはるかに多いなら、再考しましょう。ただし!! そのとき、先輩などに「私は会社のこんなところが不安だし、気になる」と相談しましょう。必ず、数人の人にアドバイスを受けて下さい。話しているうちに、落ち着くこともありますから。

それでも、不安がおさまらないときは、会社に対しての不安なのか、それとも自分自身のことが不安なのかということも考えてみましょう。もし、それが自分に対する不安なら、どんなことが心配なのか、友達に話してみませんか。結構、皆もドキドキしているかもしれませんよ。

新しい環境に飛び込むのは緊張しますよね。不安な状態のときには、勝手に内定を取り消したりしないことです。あなたの内定取り消しで様々なことが起きてしまいます。悩んでもいいけど、抱え込まないでね。

就活で容姿は重視されるのだろうか

Q 面接のときは、スカートの方がいいと聞きました。パンツだと生意気と見られることがあるそうです。私はパンツの方が似合っていると思うのですが、そう言われるとスカートにすべきなのかなと思います。メイクも必要だし、女性に多く条件がつくのはなぜですか。

（徳島大3年／スヌーピーさん）

A **本当に大切なのは内面から出てくるもの**

面接官が受ける印象には、皆の中のあなた＝「相対印象」と、あなただけのあなた＝

「絶対印象」があるのではないでしょうか。決め手になるのは、絶対印象です。

難しい言い回しをしちゃいました。わかりやすく言うと、パッと見て、これから就職しようという場で違和感のない程度の立ち居振る舞いができているか。さらに企業に対する気持ちや、今後への真剣さが伝わるまなざしをしているか。といったようなものです。

誰もが同じようなスーツに身を包み、同じような受け答えをしているときの「相対印象」は、皆そんなに変わらないでしょうが、そこでも人と違う「絶対印象」は必ず出てきます。それには「会社と向かい合うまでの経過」という内面的なことが、実は大きく関係してきます。

私はこれまでに、同じ大学・同じような成績・同じような経験で同じ会社の就職試験を受け、合否が分かれた学生にたくさん会ってきました。はっきり言って、容姿はあまり気になりませんでした。大きく違ったのは目の力です。値踏みされ、緊張しながらも、「自分はここで働きたいんだ」「自分ときちんと向き合ってくれる企業を自分が決めるんだ」という強い意思が表れていたのです。しかし、残念ですが、そんな眼力は、そうそう出てきません。

就職活動は偏差値でもノウハウでもなく、今後社会で、自分、そして会社とどう向き合うのかを初めて考え、行動する機会です。きついことを承知で言えば、切磋《せっさ》琢磨《たくま》しながらうんと悩んで考え、感じることが大切なのです。外見も気になる年頃ですが、どのように生きて働くのかを、自分なりに考えてみて下さい。強い絶対印象を生み出すチャンスですよ！

就職浪人のアルバイトは辞めた方がいいか

Q 昨春大学を卒業し、就職浪人状態です。家庭の事情もあり、今は一日八〜一一時間バイトしています。母は「生活は何とかなるから就職活動しなさい」と言ってくれますが、一年以上やって就職できなかったので自信がなくなりつつあります。就職できる保証がないのに母に負担をかけるのは悪い、という気持ちもあります。就活にちゃんと取り組むならバイト中心の生活は辞めるべきですか。

（横浜市／クルマさん／23歳）

A どんな経験も仕事に生きるはずです

一年間、本当に大変でしたね。いざ就職活動を再開しようとしても、居場所（大学）がない状況では不安が大きいでしょう。私も公務員を辞めたとき、「自分にこれから何ができるんだろう」と自信を一気になくしました。

ただ、今までのアルバイトも十分に経験です。支援先としては、地域にヤングジョブカフェなどの公共支援施設が必ずあります。なかなか結果が出ない人は「企業が何を求めているか」が見えていないことが多いのです。人に話を聞いてもらい、客観的な意見をもらうことも必要です。

就活を再開すると、必ず「なぜ就職しなかったのか」と聞かれます。そのときは、

1 当時の状況、事実
2 当時の自分の感情
3 進みたい方向、目標

この三つをきちんと伝えて下さい。例えばこんなふうに答えてみてはどうでしょう。

「就活中に家計が限界に達しました。できること、すべきことの優先順位を考え、一年、

アルバイトで家計を支えようと決めて活動を中止しました。ただ、これ以上続けるのは将来にも影響が大きいと思い、就活とアルバイトを両立させようとしています」

私は直接、御本人に会わずに相談にお答えするときは、あえて具体的な回答例を示さないのですが（個別の事情がわかりませんからね）、今回だけはあなたが自信を持って進めるよう、エールを送りたいと思います。

両立するには、新聞の募集広告の多い曜日を見つけて、その日に情報収集し、すぐに応募します。バイト先に相談して協力態勢を作るなど、事前計画と万全の準備が大切です。就職した友人からも情報を集め、どんな企業へアタックするか計画して下さい。

大丈夫です。心配することはありません。どんな経験もいつか、自分でも驚くような形で役立つものです。

女性の総合職はやはり大変か

Q 私は女性の総合職を目指しています。広告代理店の営業をやってみたいと思っているのですが、体力面やずっと働いている女性が少ないことがとても不安です。総合職でも仕事を続けながら、結婚して子供を育てることはできるものなのでしょうか？

A **まず不安の源を突き止めよう**

このような質問が、本当に多数、私のもとに寄せられます。多くの女子学生が頭を悩ませる「難問」だと思います。質問を少し整理して考えてみましょうか。

1　総合職は大変か
2　女性の営業部員の割合が少なく、不安

3 将来は結婚したいし、子どももほしい。仕事は続けたいが可能か

というこことですよね。

まず「総合職は大変か」についてですが、私の知る限り、総合職の職務の内容は、会社によって千差万別です。

ですから、最初にしてほしいのは、志望企業の総合職がどのような仕事をしているか、どのような立場に置かれているかを調べ、理解すること。「大変」が何を指しているのかを、自分の中で明確にすることも大切です。

責任が重い？　転勤がある？　残業が多い？　男女間で格差がある？　何を大変だと感じるのか、不安の源を突き止めて下さい。

その上で、総合職の等身大の姿を把握するために、働いている人たちの現状を、できるだけ知ることから始めてみてはいかがでしょうか。

さて、二番め。

営業部員に女性が少ないのは確かに不安でしょうが、別の見方をすれば、自分なりの営業スタイルを作り上げるチャンスかもしれませんよ。

営業は、相手が何を考え、何を必要としているのか、察する力が必要な仕事です。企業が自分のどこを見ているのかを察して自分を表現するのが就職活動ですから、就活を「洞察力を磨く場」ととらえてみるのもいいかもしれません。

三番めの結婚と子育て。これについては他の同じ趣旨の質問もたくさんいただいているので、稿を改めてゆっくり回答させて下さい。

魅力的な中小企業と出会うには

Q 中小企業って活気があるところだと仕事がしやすい環境だと思います。魅力的な中小企業って、どうすれば見つかるのですか。また、どうやって見極めることができるのですか。

（静岡大2年／ozaさん）

大企業しか知らないので、中小企業の仕事内容がわかりにくい。どうやって情報を仕入れれば良いのですか。

（筑波大3年／kentoさん）

A **合同説明会や企業の案内を活用しよう**

あなたは、中小企業をポジティブにとらえてくれていますね。日本の会社の九割以上は中小。日本経済は中小企業が支えていると言っても過言ではないと思うのですが、実態を知る機会が少ないせいか、若者が抱くイメージは「キツくて不安定」に偏っている場合が残念ながら少なくありません。大学生の採用に苦労している中小企業も多いようです。

魅力的な中小企業と出会う方法、ですね。一つは合同企業説明会に足を運び、働く人の話を直接、聞くことです。私も時間を作っては説明会に出向き、様々な業界・企業の現状を拾っています。

そこで次の質問をしてみて下さい。「入社三年目でどんな仕事ができますか」「三年後にどんな社員になっていてほしいとお考えですか」。即答が難しいとは思いますが、ここで見えてくるのは社内の連携の良しあしです。誰がどんな仕事をしているかがわかるのが、中小企業のいいところ。担当者が三年目の顔を思い浮かべるのに、あまり長い時間がかかってしまうと、少し不安になりますね。

また、企業パンフレットなどの情報を丁寧に読み込むと、いろいろなことがわかります。取引先の企業や金融機関から、その企業の信頼度が見えることも。最も肝心なのが、業務内容です。会社の「売り」は何か、詳しく聞いて下さい。大企業と比べると、持っている技術や扱っている商品が「ピンポイント」であることが多いので、自分とマッチしているかどうか、きっちり把握することが必要です。

一人ひとりの業務内容が幅広く、裁量権が与えられている。そんな環境で力をつけたい人には、魅力的かもしれません。まずは、いくつかの会社を知ることから始めてみてはいかがでしょうか。

就活に有利な資格や経験はあるのか

Q 就職活動では大学時代にやったこと、成し遂げたことが問われると聞きます。部活に力を入れていますが、非公認の小さな団体で実績もありません。時折、それより資格を取ったりインターンをしたりした方がポイントが高いと言われます。何か目を引くような活動をした方がいいですか。

（立教大3年／dogfishさん）

A 経験にこそ宝が埋まっているもの

「誇れる経験や資格がなく、どんな点をアピールしたらいいかわからない」。こう悩む人は多いのですが、企業は特別「すごいこと」を求めているわけではないと私は思います。入社後、「即戦力」として働ける若者がごく少数なのは、企業が一番よく知っているはずですから。

ただ「サークルに力を入れた」「ゼミを頑張った」と話すだけでは、それが今後の社会生活とどう連動するのか、想像しにくいですよね。経験をいろいろな角度から掘り下げるため、試しに次の九項目を書き出してみて下さい。

1　経験・体験
2　なぜそれをやろうとしたか
3　何を期待していたか

4　どんな人がかかわったか
5　そこで主に何をしたか
6　何を疑問に感じたか
7　どんな工夫をしたか
8　何を発見したか
9　この経験から他につながったことは

特に大切なのは7、8、9。振り返るうちに自分でも意識していなかった部分が見つかるものです。自分の体験のプロセス（成長）がポイントです。

私が相談を受けた中で「古着屋のバイトに明け暮れていたので、話すことがありません」と肩を落としていた学生がいました。「どんな工夫をしたの」「何を発見したの」と聞いていくと、給料日後の土日など「売れる日」に売れ筋の商品を工夫してディスプレイしていたことや、売り上げが落ちたとき、売れている店に足を運んで研究していたことなどを思い出したのです。彼は結局、第一志望の広告会社に就職が決まりました。

あなたが取るに足りないと思っている過去は、見方を変えれば宝の山かもしれません。どうでしょう、就職に有利、不利という考え方を「どんなときに充実感を味わえただろう」とか「学生の間にこれだけはやっておこう」に変えてみては？　その方が視野が広がる気がしませんか。

高校生の就活でまず考えることは

Q 高校2年生です。就職を控えているのですが、きちんと職に就けるか、とても心配です。やりがいがあって長く続けられる仕事に就きたいと思っています。どんなことに注意して就職に臨めばよいでしょうか？

友人たちは「こんな職に就きたい」という希望を持っているのですが、私はなかなか決められません。せっかく就職できても、嫌なことがあったらすぐに辞めたくなりそうで不安です。

（長崎県立高校2年／就職活動頑張りますさん）

A やりがいは、働いて初めて出会うもの

先日、入社二年目の女性から、とてもすてきな話を聞きました。学生時代、こんな仕事をしたいとか、あんな会社に入りたいというイメージがなく、ただ漠然と「会社で働くんだろうな」と思っていたそうです。それまで、面倒なことや頑張ることからは、なるべく距離を置こうとしてきたので、そんな状態で就職した自分が、不安でたまらなかったようです。

入社しても当然、右往左往の日々。けれどある日、上司に「これは君の仕事だから」と言われたとき、初めて責任感とプライドがじわじわとわいてきたそうです。期待に応えたい。これを「私の仕事」にしたい。そんな感情が自分の中に存在するとは、思ってもみなかったといいます。

「これから先も『私の仕事』と言えるような仕事に出会いたい」。そう話す彼女の表情は、生き生きとしていました。

学校では「集団の中の一人」だったとしても、会社はピンポイントで、あなたに仕事を要求してきます。誰にだって「埋もれたくない」「認められたい」という気持ちはありますから、期待されたら応えたくなりますよね。

あなたも今、「これがやりたい」という明確なものがなくても、仕事に就いて経験を積む中で「私の仕事」に出会えるかもしれません。自分に合った仕事、やりがいのある仕事を探すのは大切なことですが、働き始めてから「知らなかった自分」を発見して驚くことも、たくさんあることなんです。

とにかく今は、あれこれ想像を巡らせ、不安を募らせる前に、多くの会社を調べ、できれば会社訪問をして、働く人たちのリアルな姿を見ていくことから始めませんか。長く働き続けたいなら、雇用条件や福利厚生についても、しっかり調べて下さいね。

Uターン就職の就活はどうしたらいいか

Q 出身地の長野県で就職したいと思っています。ただ、地元には行きたい企業が少ないので、東京の会社も受けるつもりです。Uターン就職で気をつけることや、スケジュール管理の方法、地元と東京で就活する場合の力の配分などについて教えて下さい。教職課程をとっており、授業との両立が心配です。先日参加したUターン就職ガイダンスは、企業の宣伝のようで参考になりませんでした。　（共立女子大3年／とみえさん）

A **戻りたい理由をまず明確にする**

大学生活と就職活動の両立、大変ですね。優先順位を決め、効率よく動いて下さいね。ただ、スケジュール管理に悩む前に、一度じっくり考えてほしいことがあります。

まず、「なぜ地元に戻りたいのか」。地元に帰りたいというのは、あなたが企業側に提示する「条件」なので、なぜ地元でなくてはだめなのか、説明しなければなりません。企業も必ず聞いてくるので、いかに相手を理解させ、納得させられるかが重要です。

次に、「なぜその企業に入りたいのか」。Uターン希望者には、銀行や電力会社など、地元で名前が知られている企業を志望する人が多いのですが、志望理由がただ「安定しているから」というだけでは「地元で安定している会社ならどこでもいいのか」と入社意欲の根拠を疑われてしまいます。

最後の最後まで迷う人が多いのも、Uターン就活の特徴です。初めは「地元ならどこでもいい」と思っていた人も、実際に企業に足を運ぶと「仕事の内容が」「福利厚生が」などと、いろいろなことが気になり始めるのです。入社して何をしたいのか、地元にどう貢献したいのか。きちんと考えておく必要があります。

頭を整理するには、

1　地元に戻りたい理由
2　東京でしか得られないこと
3　地元でしか得られないこと

を書き出してみて下さい。戻りたい理由が見えてくるはずです。さらに、地元ということを考慮に入れずに「どんな仕事がしたいのか」を考えて下さい。

Uターン就活は時間が限られ、金銭的・体力的負担も想像以上に大きいものです。地元の友人やご両親に応援してもらい、効率的に情報を集めて下さい。どこまで地元にこだわり、どこで東京に切り替えるのか。自分なりの選択基準を決めておくことも大切ですね。

資格試験の挫折をどう伝える

Q 資格試験を途中で断念したことやゼミに入っていなかった事等、面接で話すとネガティブに受けとられそうな事も伝えないとだめでしょうか？

A **無理に隠さず、自分の言葉で**

面接で触れられたくないことって、きっと誰にでもありますよね。途中で「やめた・あきらめた」体験を言いたくなくて悩む気持ち、よくわかります。でも「聞かれたくないなぁ」と思っている部分を突っ込まれるのが、就職の面接というもの。無理に隠さない方がいいのでは、と私は思います。

実際、「雰囲気が想像と違ったので別のサークルに移ったけれど、これを話すとネガティブに受けとられそう」「資格取得のために勉強していたが、やめてしまった」と悩む学生を大勢、見てきました。中には「目の前のことから逃げたくて資格試験に打ち込んだのかな？」と考えたくなるケースもありましたが。

若いのだから、失敗したり、方向転換をするのは当然のことです。失敗をしたからこそ見えることもあります。大切なのは、その失敗から何を学ぶかではないでしょうか。

面接では、やめた・あきらめた理由だけでなく、

1　行動を振り返って反省した点
2　そこから得たことや、次に「こうする」という方向性

を伝えて下さい。例えば、

「よく調べず、中途半端な気持ちで資格に挑戦↓勉強するうちに自分の適性がわかり、やりたいことがはっきりしてきた」

「周りに流されてサークルを決めた↓短期間の所属だったが、学部を超えた友人ができた。今後は何事も自分で判断すると決意した」

といったことです。ここで大切なのは最初に「正直に言います」をつけることです。

気をつけたいのは、やめた理由の説明を、具体的かつ簡潔にすること。あなたが想像と現実の違いに気づいたのなら、どう違うかを話さないと、納得は得られません。また、長々と話すと弁解に聞こえてしまう恐れがあります。

「一つの扉が閉まったら百の扉が開く」。友人から教わった言葉です。失敗によって得たことを、自分の言葉で伝えて下さいね。

自分を一言で表現するには

Q 就職活動をするにあたり、自己分析を始めました。行動や感情を振り返って、自分について考えていますが、「私は〜が強みで〜が弱点で〜な人間だ」と結論づけることができません。明るく好奇心旺盛な一面もあれば、消極的で臆病《おくびょう》な自分もいます。置かれた状況によって人は変わるものではないですか。「あなたを一言で表すとどんな人ですか」と質問されると、困ってしまいます。

（東京女子大3年／CTさん）

A **弱みに見えるところを自分から説明する**

自己PRって、日本人が苦手なことの一つだと思います。あなたが困っていることは、皆も困っていることだと思って大丈夫ですよ。

さて、「自分を一言で表すと?」ですが、この質問は面接で出ることが多いですよね。

面接は、エントリーシートなどの「紙」ではわからなかった点を、互いに確認し合う場です。誰もが緊張していて普通の状態でなく、本来の良さが伝わりにくい。おとなしい子はますますおとなしく見えて「頼りなさそうだな」と思われてしまったり、積極的な子は自分を前に出しすぎて、「協調性はあるのだろうか」と心配されてしまったりします。

こうした質問は、「相手の思い込みを覆すために有効活用しよう」というのが私の持論です。自分から先に「弱み」に触れた上で、それを打ち消す、という方法をとってみてはいかがでしょうか。

その際に、擬人化するのも一つのやり方です。例えば「私は、スパゲティのアルデンテのような人間だと思います」と表現した学生がいました。面接担当官は「???」です。

彼女はこう続けました。

「スパゲティは表面がツルッとしていますが、アルデンテというのは、芯がきちんと残っているゆで方です」

「私は第一印象が薄く、おとなしそうだと言われることが多いのですが、実は芯は強いんです。自分の言動には責任と信念を持ちたいと、常に意識しています」

先入観を覆すことに成功したら、逆に印象は強くなります。一言で説明しにくいときは、モノにたとえると具体的になりますし、後々まで印象に残ります。第一印象で「弱い」と感じている点を、強みに変えてみませんか。

十社以上を転々とした履歴をどう書く

Q 甥《おい》は二四歳。二年前、大学を卒業して流通関係の会社に就職しましたが、わずか四カ月で退職してしまいました。非常に多忙で毎日、夜遅くまで仕事があり、体力的に限界に達したそうです。その後は派遣、アルバイトなどの仕事でつないできましたが、ほとんどが短期間で一〇社以上の仕事をしてきたようです。就職しようとしても、二年間で一〇社以上の職歴を書いた場合、書類審査で絶対に通らないのではないかと心配です。

（埼玉県／66歳）

A **会社の数ではなく仕事の数を伝える**

中途退職者の雇用の間口は、長い間、狭められてきました。正社員で就職した人たちの中にも「労働環境の劣悪さに耐えきれず、やむを得ず退職したが、再就職できずにアルバイトでしのいでいる」といったケースが決して少なくありません。

大多数の若者は、できることなら働きを全《まっと》うしたいと望んでいます。では、どうしたら前に進めるでしょうか。履歴書とは別に「自己紹介書」を作り、アルバイトで経験した仕事を内容別にまとめる。そんな方法はいかがでしょう。

まず、履歴書の職歴欄に、

1　最初の会社に四カ月在籍し退職したこと
2　派遣社員として〇年から〇年まで働いたこと

を記入。「別添えの自己紹介書に経験を記載」と書きます。

次に「紹介書」でバイトの経験を職種別にまとめ、どんな仕事をし、自分はそれをどう評価し、今後にどうつなげようと考えているのかを伝えます。例えば、

▽倉庫管理…受注・発送の管理。正社員の手薄な深夜時間帯に、責任を持って行ったと自負しています

▽接客…主にレストランでホールを中心に

といった感じです。「こんなふうに会社を替わってきました」ではなく「こんなふうに仕事をしてきました」と示すことができます。

紹介書の冒頭で「短期間で離職した経験から、自分にはさまざまな職業体験が必要だと感じた。二年間、下記のアルバイトをした結果、御社を志望することにした」などと、意図を説明するのも忘れないようにします。

この方法にはこれまで、多くの会社が反応してくれました。バイトと派遣社員を交互

に七年続けていた人が、正社員で雇用されたケースもあります。「若いからこそ、様々な経験ができた」。胸を張ってそう伝えて下さい。

面接の「やる気」が逆効果

Q 私はいわゆるフリーターで、今はパートをしながら仕事を探しています。時々興味のある仕事の求人に応募していますが、面接でやる気と抱負を述べると、必ずと言っていいほど相手が引いている感じがします。物静かなため暗く見られがちなので、私なりに工夫し、目をきらきらさせて「学んできたことをぜひこちらで実践し、経験として磨きをかけたい」などと話しているのですが……。誠意を見せてはいけないのでしょうか？

（パート／28歳）

A **相手の意図を読み取って**

私は時々、いえ結構な頻度で、気持ちが先走って相手を置き去りにしてしまうことがあります。相手が困惑した表情になって初めて、「あっ！ 相手の状況を読まずに、自分の伝えたいことを先に言ってしまった」と大反省するのです。どうしたらこんな事態を回避できるでしょうか。人と話すときは、

まず一番め。相手が自分に何を求めているかを理解する。

二番め。何を求められているのか理解していることを伝える。

三番め。自分の伝えたいことを言う。

この順番なんですよね。これを就職面接に置き換えてみます。

履歴書が通っているということは、企業があなたの経歴などに七、八割納得していて、残りの気になる点を直接本人の口から聞きたいと思っている、と考えてもいいのではな

いかと思います。五割しか納得していなければ、面接には呼ばないでしょうから。

そうすると、会社が面接で求めているのは、誠意や情熱も確かにありますが、それよりも先に「履歴書の記載で気になっている点の確認」です。これまでのパート経験を今後どのように生かせるのか、具体的に聞きたいのではないでしょうか。

面接では、例えば「私はおとなしく見られがちで、熱意を伝えるのが上手ではありませんが、人の気づかないところによく気がつくと言われてきました。パートという立場でしたが、常に責任感を持って働いてきました」などと普段のあなたで語ってはいかがでしょう。気負いすぎると「そんなに自信がないのかな」「素はどんな感じかな」と逆に不安に思われてしまう可能性もありますよね。

履歴書が通っているのですから、面接通過は目前です。熱意は面接より現場で思う存分発揮しましょう！

おとなしい第一印象は就職に不利か

Q この秋から就職活動が始まります。私は、自分の第一印象にまったく自信がありません。コーヒーショップでアルバイトをしていましたが、面接で「大きな声が出せますか」とわざわざ聞かれたくらいです。誰の目にも「おとなしい人」と見えるようです。就職にはやはり不利でしょうか。

（私立大3年／あやさん）

A **仕事に立ち向かう姿勢を見せよう**

「おとなしい」第一印象には二つの解釈があると思います。そう見えるけれど、実はそうでもない場合。もう一つは見たまま、個性として控えめでおとなしい場合です。あなたが、どちらかわからないので、両方のケースにお答えしますね。

まず、実際はおとなしくない場合。おとなしく見える人は自信がなさそうに見えるんです。企業が心配するのも「仕事に自信を持って立ち向かえるか」ということ。ですから、面接でその印象を打ち消す必要があります。

そのとき「おとなしく見えますが、おとなしくありません」という主観的な説明でなく、必ず反対のエピソードで説明して下さい。例えば「私はおとなしく見られますが、実はロードサイクルが好きで、先日も『ママチャリ耐久六時間レース』というものに参加しました」というように。つまり、自分の違う面をアピールするんです。

もう一つ、なぜ「おとなしく見えるようになったか」を説明する方法もあります。これは実際に就職支援の場で出会った人ですが「子どもの頃、物静かな祖父母と一緒に暮らしていたので、いつも小さい声で話し、おとなしくしているようになりました」と言ったそうです。振る舞いが物静かなだけで、登山が趣味の根性のある人でした。

でも、おとなしいのが、あなたの「個性」だったら、その個性が生きる職場を探すのも一つの解決法だと思います。例えば会話より思考を重視するような職場。書籍や絵画、文具などを扱う仕事が当てはまるかもしれません。

さらにもう一つ「就職は自分を変えるチャンスだ」ということも言っておきますね。居場所が変わるというのは自分を変える大きなチャンスなんです。おとなしいだけじゃない自分になりたい、と思っているのなら「今はおとなしい私ですが、この会社でどんどん外へ出て行く私を作っていきたい」という行き方もありだと思いますよ。

コラム

就職しようとしている子どもたちに、親がしてやれること

若者たちの悩みに答えながら、私はいつもこう感じていました。「これは、親なら誰にでも答えられることだな」と。私は多くの質問に、カウンセラーとしてではなく「自分はこうした悩みをどう乗り越えただろう」と振り返って答えてきました。また、何十年と社会経験を積んだ人間にとっては、ごく当たり前の、社会人のルールやマナーを伝えることもありました。どちらも、家庭の中で、親が子どもに話したり、教えたりできることです。

私自身、二〇代の息子二人の母親です。親は子どもを、いつまでも子どもだと思っています。でも、いよいよ社会に出ようとしている子どもは、もう大人

への入り口に立っているのです。わが家でも、初めてのスーツを買うというとき、父親と息子の間でこんなことがありました。

息子にとって、それまで父親は厳しく煙たい存在でした。成人式を機に、スーツや大人としての身の回り品を揃えるという息子。すると父親が自分からアドバイスをする、というのです。家族四人揃ってデパートへ出かけることになりました。

まずスーツ売り場で。父「働き始めは給料も少ないから、初めの一着はいいものを買おう。パンツは皺《しわ》になるし、雨が降れば汚れもする。替えがあった方がいい」。息子は頷《うなず》いて素直にダブルパンツのスーツを選びます。

同じように、靴の売り場では靴とパンツではなく、靴と靴下の色を合わせること、を教えられます。バッグを買うなら「置いても倒れないものにしなさい。

底に鋲《びょう》が打ってあるものがいい」という話を息子は真剣に聞いています。思春期に父親を煙たがっていた息子、息子が何をしても歯がゆく思っていた父という図式はもうそこにはありませんでした。「働く」ということを通して、先輩、後輩として向き合う二人の大人がいたのです。

どの家庭にも、両親が何十年もかけ、感じとり、実践してきた「働き方」「仕事の仕方」があるのではないでしょうか。「なぜ働くのか?」といった抽象的な疑問にも、社会人の大先輩としてその人なりの考えがあるはずです。例えば、

「若い頃は、上司に認めてもらいたい、出世したいなどと思ったけれど、そのうち、お客様に喜んでもらうために働こうと思うようになったな。転職してからも、そのときのお客様が力になってくれて、自分の働き方は間違っていなかった、と思ったよ」

「会社の仕事は人から言われてやる仕事ばかりだけれど、それを自分のところへ来たからには自分の仕事だと思うと、取り組み方が違ってきたわ。なぜ私ばかり雑用をするのか、と不満に思う代わりに、これは私の仕事なんだと思うと、よし、どう工夫して効率よくやろうかと意欲がわいて面白くなったもの」

といった話こそ、これから働こうとしている子どもたちが聞きたいことなのです。

「なんのために働くのかわからない」「自分に合った仕事をどう見つければいいのかわからない」といった悩み、「面接でどういう態度をとればいいのかわからない」「自己PRをどうすればいいのかわからない」といった疑問を、若者たちがぶつけられる大人は案外少ないものです。だからわざわざ私のところへ質問してくるのでしょう。けれども、本当はそれに答えてあげられるのが親なのではないか、と私は思います。

「お前も働いてみればわかる」と突き放したり、「社会は甘くないぞ」と脅してもなんのプラスにもなりません。確かに「なんのために働くか」という疑問に対して「働いてみればわかる」という答えは間違ってはいないと思います。ただ、そこで親自身が自分が働いて感じたこと、楽しかったこと、つらかったことを話してほしいのです。そしてもう一度自分の言葉で「なんのために働いてきたか」を語る。「私はこうだった」という話から子どもたちはヒントを得、自分で考えるきっかけをつかんでいきます。

「人と話をするとき、目がきょろきょろしていると信頼できる印象にはならないよね」「私が面接を担当したときは、この人と八時間同じ職場で働きたいかな、ということをまず考えたな」。就職試験や面接の具体的なアドバイスも、こんな実体験のエピソードなら子どもたちもすんなり飲み込めるでしょう。彼らが、自分で気づかず、かといって他人からは指摘してもらえない社会人のルールやマナーも、教えられるのは親だけです。

今、社会に出て働こうとしているあなたの息子や娘たちは、そんな話を待っています。そして今なら、親と子の間で、大人同士として話が通じるのです。どうぞ、ご自分の体験や知識を惜しみなく彼らに語って下さい。「働く」ことの素晴らしさは、そうして次の世代へ伝えられていく、と私は信じています。

第三章 働き始めに抱える不安

働く意味がわからない

Q

働くことの意味が見いだせません。今の会社では、内定中からアルバイトをしていました。周囲を見ると、足の引っ張り合いや人材つぶし、次々と辞めていく人。何のために働いているんだろうと思ってしまいます。

そういう自分も、何となく就職してしまって働く意味を見いだせないままです。「なぜ仕事をしなければならないのか」を教えてください。

（ホテル勤務／さくらさん／22歳）

A

「労働価値観」を探してみましょう

働く意味ですか……。

では、では。私から皆さんへ質問（相談を受けて、回答者が質問するというのは、どうなんでしょう?）。

遊ぶのに意味を見つけてから遊んでますか。

他人が楽しそうだから、とビリヤードに挑戦したら、全然つまんない。こんなのに時間を使うのはもったいない。こんな経験はありますよね。

やる気も興味もなく、無理やり連れて行かれたスノーボードがメチャメチャ面白くって、気がついたら毎週ゲレンデ通い。これまた、ありますよね。

働くことには、目的があると思うんです。基本中の基本は、人間としての自立生活ですよね。食べたいものを自分で稼いで食べる。衣食住を賄《まかな》うために必要経費を稼ぐ。それ以上の目的ができたら、そのために働く。でも、意味というのは目的とは違う。

働く意味は、働いて感じる「労働価値観」というものではないでしょうか？　同じコンビニで同じ時間帯、同じ時給でバイトをしていても、商品陳列や在庫管理が得意で、面白いと思う人。レジでの接客や、お客様の動向を考えて注文を店長に伝えるのが得意な人。それぞれが、仕事に対する感じ方は違うのです。

それが「労働価値観」。私は銀行窓口の仕事をしていたとき、すごく忙しい日が大好きでした。同期には「何でこんな日が好きなの？　おかしい」と言われていました。そのときはなぜ、自分がその日にワクワクしたのか、わかりませんでした。今は、わかります。私は、忙しい日に「速く・正確に・笑顔で」応対するとお客様が喜んで下さる、その反応のために頑張れたのです。銀行員時代の私の労働価値観は「顧客満足」でした。

アルバイトの仕事で休むにはどうしたらいい

Q 半年前、専門学校を中退しました。原因だった病も治り、まずはパートやアルバイトから働きに出たいと考えています。ただ、体調が悪くてどうしても動けないことが月に二、三日あり、面接でそのことを正直に言うべきかどうかで悩んでいます。そういうとき、パートやアルバイトでも休暇はもらえるのでしょうか。そのことが不安で、面接を受けるのに気が引けてしまいます。

（埼玉県川口市／無職／優子さん／20歳）

A 休むときにはルールがある

三つお答えしますね。体調に不安があるからアルバイトやパートから、と考えているんですね。ただ、アルバイトやパートは基本的に時間契約です。仕事をしなければ賃金は発生しない。労働基準法では、有給休暇や生理休暇の取得は、正社員と同様に扱うべきだと定められていますが、実態はそうじゃないことも残念ながらあるようです。突発的な休みを頻繁に取る人は、辞めさせられる可能性がこれまた残念ですが大とも言えます。

二つめ。生身の人間です。突然発熱したり、私用で休んだりすることもあるでしょう。ただね、休むときにはルールがあります。

定期的に治療を必要とするときは、事前に診断書を会社に提出してきちんと説明すること。もちろん、突発的に「風邪で熱が出たので休みます」ということもありますね。このとき、してはいけないことが「親が電話してくる」。

高校までなら、ズル休み防止で親からの連絡が当たり前でしたが、社会人ではだめ。まず、どんな状況で休むかを説明して、仕事の引き継ぎなどをすること。具合が悪いなら即刻病院へ行き、一日も早く回復するようにすること。そして、自宅で安静にして、いつでも会社からの連絡に応じられるようにしておくこと。

三つめ。病気だけじゃなく、不慮の事故に巻き込まれ、遅刻することだってあります。会社には常に「連絡ノート」を用意、今後の予定や注意項目・仕事の進み具合などをわかりやすく、記入して帰ることを毎日の最後の仕事にしておくこと。そして机の周りや中を整理整頓して誰から見られてもいいようにしておくことがエチケットです。

おまけ。休んだ後ってどうも気まずい。だから、休むときも仕事と同じくらい、真剣！　でなくっちゃね。

どこまでも「やりたい仕事」を追い求めるべきか

Q やりたい仕事に就けるチャンスがあるなら、たとえアルバイトからでも頑張るべきでしょうか。それとも、新卒で入った会社にこのままいるべきでしょうか。
（保険会社勤務／マカダミアさん）

A それはどれほどやりたい仕事か考えましょう

以前、私のところに「アルバイト先の店長から、『もう少し頑張ったら正社員へ推薦するから』と言われて必死に働いていたらその店長が辞めてしまい、すべてが白紙になってしまいました」と、ぼうぜんとした顔で相談にやって来た若者がいました。

チャンスというのが、実際どの程度のチャンスなのかは、やってみないとわからないので厄介です。それでも頑張れるなら、後悔しないよう挑戦してみるのも若さの特権ですよね。やるか、やらないかを最終決定するのは自分ですから。って言ったら、回答にならないですね。

今回のご相談はチャンスの確率の話ではなく、「やりたい仕事」が自分にとって、どれくらい「やりたい」仕事なのか、という問題ではないでしょうか。次の三つのことを自分の心に聞いて、よく考えてみませんか。

1　やりたい仕事に就くまでに、どれくらい時間を費やせるか
2　その仕事に就いた場合、生活面ではどんな状態が予想できるか
3　その仕事の実際と今後の姿を、どれくらい現実的に理解しているか

チャンスについて考えるよりも、心の中でやりたい仕事と向き合ってみることが大事だと思います。

もう一つ考えてほしいのが、やりたい仕事と、合っている仕事の違いです。企業に入ってもほとんどの人は、最初からやりたい仕事と出会っていません。「やりたくないと

思った仕事をやっているうちに、その仕事が自分に合っていることを発見した」という人もいれば、「やってみたけれどやっぱり自分に合わない仕事だった」という人もいます。あなたの「やりたい仕事」が、これから変化する可能性を、想定しておくことも必要ですよね。

子どもの手が離れたら再就職したい

Q 大学在学中に結婚。卒業後、高校の講師になりました。しばらくして妊娠しましたが、体調が悪く、泣く泣く仕事を辞めました。二～三年たって子どもの手が離れたら再就職したいのですが、経験のない主婦には難しそうです。教師に戻りたい気持ちはありますが、実家が遠く、子どもに負担をかけることを思うと躊躇《ちゅうちょ》してしまいます。資格を取った方がいいのでしょうが、何から手をつけていいかわかりません。

（京都府／主婦／25歳）

A 仕事と子育てに優先順位をつけましょう

一生懸命子育てしているうちに、職業能力の賞味期限が切れてしまったら？　そんなふうに考えて、つい焦ってしまいますよね。でも、焦る必要はないんです！　気持ちがあれば機会は訪れます。私も出産を機に退職し、再就職したのは七年後です。大事なのは事前の基盤づくり。外で働く環境を整えながら、「家庭内でのルール」を作っておきませんか。

家族の中で一番の弱者は、「言葉・選択・決断・所有」のできない子どもです。この弱者を守り・育てながら仕事するには、どんな障害があるのか。一つひとつ書き出して対策を考えましょう。

例えば、家事→家事支援サービスに頼む。育児→保育園に預ける。一生働きたいと思っているなら、しばらくは家事と保育への出費をいとわない方がいいかもしれません。

仕事と子育てを両立できているかと聞かれるたびに、私は「正直、両立できていませ

んが、優先順位は決めています」と答えていました。具体的には、

▽代わりがきかないと思うこと（例えば入学式への出席）は、時には仕事より優先する

▽帰宅したら、まず子どもと三〇分話す（問いただすことはしない）

▽子どもの話はエンドレスに聞く

▽家事の手抜きはオッケー。家事に完璧《かんぺき》なんてあり得ない、などなど。

大事なことは、仕事をする喜びが、子どもにいい形で伝わるような接し方をすること。「子どもに悪い」とか「犠牲にしている」と思い込んで自分を追い込まないこと、ではないでしょうか。また、夫の協力なしには回らないので、事前にゆっくり話し合って。お互いができることをできるだけ見つけ合って下さいね。

大丈夫。仕事は逃げませんよ。しっかりウォーミングアップして、心を温めてから走り出して下さい。

やる気のない同僚にうんざり

Q 同僚（年上）は残業や予定外の仕事、雑用が入るとあからさまに態度が悪くなり、同意を求めるようにグチを言いまくる。聞くだけでストレスがたまります。注意しにくいのですが、どうしたらいいでしょう。

（大学職員／25歳）

A **相手の良い点を見つけて受け入れる努力を**

職場にやる気のない人がいると、ムードが悪くなるし、士気も下がりますよね。逆に職場の雰囲気がいいときは、仕事もうまくいくものです。

さて。そういう同僚がいる場合、どうしたら毎日、気持ちよく仕事ができるか。「この人を変えて問題を解決しよう」と考える前に、その人を「理解する」。そのことに、少しだけ挑戦してみませんか。

その人がなぜ、こうした言動をとるのか。どうしたら仕事に目を向けてもらえるのか。観察して考えてみるんです。もちろん、あなたにとっては理解を超えた人ですから、難しいことだと思います。でも、「困った人」と心の中で相手を責めてばかりいると、足踏みしたまま、どんどん気持ちが暗くなっていくと思いませんか？

人を理解するにはプロセスがあります。

1　あるがままに受け止める
2　言動を尊重してみる
3　期待できることや得意なことを探す

の三段階です。その人の良い点や得意なことって何だろう、と考えてみて下さい。

例えば、パソコンを扱うのが得意な人なら、「どうやって覚えたんですか」「好きになったきっかけは」と質問して、語ってもらう。わからないことは「教えて下さい」と言ってみる。その人が力を発揮したときはそれを認めて、頼りにしてみてはどうでしょう。働くことは、自分の成長を体感できるチャンスです。頼りにされるうちに、仕事に向き合っていた自分を思い出してくれるかもしれません。

後輩なんだから、そこまでできないって？　そう思うのも無理ないですよね。それなら、相手の立場に立って「なぜ」と想像するだけでもいいですよ。少しだけ気持ちが楽になりませんか。

職場で仕事を教えてもらえない

Q 高校卒業後、診療所に就職。社会人として立派になろうと、メモを片手に張り切っていました。でも、職場には私の面倒をみている余裕がなく放っておかれることが多くて、身の置き所もない有り様。二カ月ほどで辞めてしまい、今は別の会社に勤めています。教育係がいて研修もある大企業に就職した友人がうらやましく、後悔しました。せめて離職率を減らすため、中小企業に入った人の相談機関があればと思います。

（文具会社勤務／19歳）

A 自分で考えて仕事をすることも大事です

社会人としてスタートを切って、自分の新たな一面や職業能力が開発されると期待したのに、残念でしたね。ただ、大手だからと言って、至れり尽くせりの研修が常に用意されているとは限らないんです。全体の研修だけだったり、配属された部署が忙しくて手が回らなかったり、ということもあるのです。

そんなときは、どうしたらいいでしょうか。新人時代、私が自分なりに工夫したポイントをご紹介しますね。

1　先輩を観察する

質問するときは、先輩の置かれている状況を考えてタイミングをはかる、ということを常に意識しました。この「先輩の状況を常に見ている」ことが、すごくためになりました。先輩はなぜ今、こんな行動をとっているのか。疑問をメモして、時間があるときに尋ねました。

ちなみに、仕事を頼まれたときは、完成の七割で一度見せました。出来上がってからでは、意図しないものだった場合、全部やり直しになってしまうからです。時間のロス、周囲への迷惑。モチベーションも下がってしまいます。

2　仕事の流れをつかむ

例えば、流通の仕事なら、どこから仕入れて誰に売っているのか。トラブルやクレームがあると、どんな影響があるのか。会社の仕組みを探って、理解することも大切では？　これを心がけると、想像力、予測力を持って仕事をする力がつきます。

「自分で考えて仕事する」。これって、とても大事なことです。新人のうちに指示待ちに慣れてしまうと、いざというときに一人で動けなくなってしまいます。結果を出すだけが仕事の喜びではありません。ハードルを一つひとつ越えて成長することも、大きな喜びにつながりますよ。

希望した部署に配属されなかったら

Q 大企業に就職した方が、いろいろな部署を体験できる、より多くの人に影響を与える仕事に携われる、福利厚生が手厚い、などの利点があると思います。その一方で、希望しない部署に配属されたらやりがいを見いだしにくくなることがあるのでは、と心配です。

（お茶の水女子大４年／ドリーさん）

A **仕事に求めるものに優先順位をつける**

企業の長所と短所を秤にかけて、あれこれ思い悩む前に、まずあなたが仕事に求めていることは何なのか、それを整理してみませんか。次の四つについて、考えて書き出してみて下さい。

1　あなたにとってやりがいのある仕事を三つ以上と、その理由。
2　企業に入って三年以内に発揮できる能力を三つと、その根拠。
3　どんなに雇用条件が素晴らしくても、やりたくない、やりがいを感じない仕事を三つと、その理由。
4　最後に、どうしても譲れないと思う雇用条件（給料、休暇、勤務地、職種など）。とりあえず今、考えられる範囲で一番こだわりたいことを挙げて下さい。

全部を書き出してみると、仕事に望むことと望まないこと、発揮できそうな能力などが、ちょっぴり見えてくると思います。

想像するのが難しいかもしれないけれど、あなたが今「譲れない」と考えている条件は、永久不変ではないのです。仕事内容や社会情勢で変化する可能性があるし、あなた自身の考え方も、体調や状況の変化（結婚、出産、親の介護など）次第で変わっていくかもしれません。だから、まずは「自分が仕事に求めること」をはっきりさせ、優先順位を決めた上で、条件とすり合わせることをお勧めしたいのです。

それに、会社の方だって「君は会社に何をしてくれるの」と考えているかも。どんな力を発揮して、どのように会社に貢献してくれるのか。具体的に伝えてほしいと思っているんじゃないかな。

思う存分、力を発揮できる会社と出会うには、まず自分とじっくり向き合ってみる。それが近道だと思いますよ。

新人社員はどうふるまえばいいのか

Q 社会人二年生です。定時で帰ることが多いのですが、先輩は皆、残業しています。残業代は少ししか出ないし、会社からは「ダラダラいられては困る」という言い方をされるので残業はしたくないのですが、一番下の私が最初に帰るのはまずいのではと、少々、不安です。

（建設会社勤務／24歳）

四月に社会人になりました。会社で慰安旅行があるのですが、やはり出席した方がよいのでしょうか。

（自動車会社勤務／22歳）

A

周囲の状況の見極めが大切

うん、うん。新人の頃は、仕事は半人前なのに給料は出るし、先輩が忙しそうにしていてもぼーっとするしかないし。居たたまれませんよね。

一方、先輩にしてみたら、新人に早く仕事を覚えてほしいと思いながらも、手取り足取り教える時間はない。自分がやってしまった方が、速い。余裕のない状態に、ちょっぴりイライラしているかもしれません。そんな先輩の気持ちを想像しながら、今はこんなふうに行動してみては？

1 まず、自分ができることを必死で探す。
2 見つからなかったら、先輩に、できることがないかどうかを聞く。「何かないですか」ではなく「私が今、できることはないですか」という尋ね方の方がいいですね。「ない」と言われたら、
3 一日の仕事を振り返って《明日は、今日と同じ間違いをしない。明日は、今日と同じ質問をしない。明日は、今日とは違う仕事を覚える》この三点を確認してから帰宅し、翌日、気持ちよく出社することを心がける。

新人のときしか聞けないこともあります。わからないことはそのままにせず、先輩の手が空いたときを見計らって質問して下さい。答えをもらったら「わかりました!」と、きちっと反応することが大切。「また教えたいな」と思ってもらえるようにね。

また、会社の行事は「上司や先輩の、仕事以外の顔を知るチャンス」ととらえてみては? 否定的に考えすぎると、楽しむきっかけや他部署の人との交流の機会を失ってしまうので、どうせ行くなら気持ちよく参加しましょう。

ただし、旅行と言っても、仕事の延長線上にあるもの。友人との旅のようにゆったりリラックス、なんてことは期待しないで臨んで下さいね。

転職で求められる要素は何か

Q 転職する際は、どんな点を見られるのでしょうか。今の仕事を次にどう生かせるか、転職を考えつつ仕事をこなす中で、どう動いていくべきかの参考にしたいのです。

（英会話学校勤務／26歳）

A **まず「応用できそうな力」を探し出そう**

中途採用の基準をひとくくりに説明することはできないので、まず企業が中途採用する理由を考えてみましょうか。欠員補充、増員計画、新分野への参入。一般的にはこの三つが多いようです。

採用目的は違っても、企業が「見たい」「知りたい」と考えているのは「あなたがどんな能力を持っているのか」、そして「これまでどんな仕事をしてきたか」です。

企業側に「この人ならこの仕事ができそうだな」「この人がほしいな」と思わせるには、自分の能力と経験を整理して、的確に伝えることが必要です。面倒でしょうが、次のことを書き出して下さい。

1　これまでの経験と、転職先で求められる能力（実際の業務）との共通項。共通項が見当たらないときは、これまでやってきた仕事から応用できそうなことを洗い出す

2　1の詳しい中身。実績や数字だけでなく、そこでの工夫・発見・疑問からどんな結果に結びついたかについても

3　転職後、どんな働き方をしていきたいか

異業種からの転職であっても、持っている力、これまで培ってきた力が応用できればいいのです。なるべく求められている力をアピールできるように、1、2をじっくり洗い出して下さい。二〇代なら、今後の可能性や新しい仕事への意欲、これまでの仕事に

どれくらい真剣に取り組んできたか——も評価の対象になるでしょう。

再就職を考えるときは、知識と経験を最大限活用し、企業をしっかり見つめて下さいね。定着率の悪い企業の中には、入社の際に示した労働条件や業務内容と、実態が異なるケースも見られます。まずは、求職情報を丹念に見ること。実際に転職した人から情報を集めるのも有効ですよ。

転職して責任ある仕事をしたい

Q 高校を卒業後、働いています。職場に不満はありませんが、周りに四〇代以上の女性がいません。いずれは一生働ける会社で、もう少し責任のある仕事をしたいと思い、簿記やエクセルなどの資格を取って転職の準備をしています。雑誌には転職の成功談ばかり載っていますが、社内には転職してきたものの苦労していたり、二、三年で辞めてしまったりする人が結構いて不安です。失敗の実情や失敗しない方法を教えて下さい。

（自動車会社勤務／26歳）

A 今の職場で、その前向きな思いを伝えてみよう

責任のある仕事がしたい――。現時点で必要とされる能力以上のものを身につけ始めると、こうした感情がわいてきます。「待遇や職場に不満がないのに贅沢だろうか」と自分を責める人もいますが、私はそうは思いません。この段階に到達した人にとって、外の世界が気になったり、飛び出す準備をしたりするのは働く者としての成長の証だからです。

ただ、一度考えてみてほしいのです。他部署や男性しか携わっていない仕事も含め、今の会社でやってみたいことはありませんか。

以前、相談に訪れた三〇歳前のすてきな女性は、企業の営業部門に所属。「待遇や仲間は文句なしだけれど、上司が自分を認めてくれない。責任を伴う仕事（業務開拓）をさせてくれないので退職したい」と言ってきました。

彼女が思いを訴え、それでも評価されないなら退職もやむを得ない。そう考えて、

1　まず「やりたいこと」「それを実現する方法」「実現したらどうなるか」を提案書にまとめ、上司に提出
2　次に「他の方にも見せて評価を頂く」と上司に告げてから社内を回る

という方法を勧めました。

結果ですか？　会社も彼女を必要としていました！　今は目覚ましい実績を上げ、生き生きと走り回っています。

どうでしょう。まずは成長したい気持ちを、周囲に知ってもらうことから始めませんか。前向きな思いをできる限り訴え、誰一人受け止めてくれなかったら、残念ですが別の進路という選択もあるでしょう。ただ、それを考えるのは、言うべきことを言ってからにしてはいかがでしょうか。「今一番解決すべき点は何だろう」と考え、一点に絞って回答しました。

アトピー性皮膚炎が気になる

Q

私にはアトピー性皮膚炎があります。この春から働き始めたのですが、慣れない環境もあり、少し悪化してしまいました。この先、もっと忙しくなって、人間関係や仕事のストレスなどで悪化するかと思うと、気分が落ち込み、嫌になります。顔にも症状が出ているので、私にとってアトピーは大きなコンプレックスになっています。どうすればいいでしょうか。

（半導体メーカー勤務／22歳／男性）

A

会社が認めたあなたの良さを発揮しよう

医療や健康の専門家ではなく、私に相談して下さったのは、職場での振る舞い方や、周囲の人たちの理解を得る方法をお聞きになりたいのではないか。まずはそう勝手に解釈して、お答えしますね。

悩んでいるときは「アトピーがなければ〇〇なのに」「アトピーだから〇〇できない」

と、つい否定的に考えがちです。それは仕方がないとしても、一度、発想を転換してみてはいかがでしょう。今一番やりたいこと、できること、やらなきゃいけないことを思い出し、本来の自分を引っ張り出してあげて下さい。あなたは、あなたの良さや能力を期待されて、今の会社に採用されたのではないでしょうか。アトピーのつらさにのみ込まれ、本来の良さが出せないのは、あまりにもったいない！

アトピーである自分にOKを出せれば、きっといろんなことが変わってきますよ。

そしてもし、まだ治療を受けられていないなら、信頼できる医師を探して、時間をかけて治療するのも方法です。休みを取ったり、早退したりするのは苦痛でしょうが、上司の理解を得られるようきちんと説明するのです。「ここを乗り切ればまた仕事に集中できるので、しっかり治療させてほしい」「迷惑をかけた分は将来、必ず取り返す」など、気持ちを伝えて下さい。

先日、にきびの悩みで就職活動が進まない男性から相談を受けました。彼は「周りから『そんなに気にすることないよ』と言われ続け、誰も自分の気の重さを理解してくれない。相談しても相手にされないため、具体的な解決の情報も得られない」と話していました。紙面上のやりとりだけで、あなたの気持ちにどれほど沿えているのかとても不安ですが、どうか、自分だけと思い悩まないで下さいね。

仕事の疑問をどう聞けばいいかわからない

Q 入社したばかりです。仕事でわからないことがあっても、職場の先輩にどう聞けばいいのかわかりません。先輩はいつも忙しそうですし、あまりくだらないことを聞くと、頼りない新人だと思われそうで心配です。でもわからないまま適当にやるわけにもいかず、ストレスがたまっています。

（光学器メーカー勤務／22歳／男性）

A **質問は新入社員の特権**

まず、これだけは言っておきますね。新人のあなたはなんでも質問していいんです。

わからないことだらけの所に入ったばかりなんですから。「なんでも聞けるのが新人の特権」と覚えておいて下さい。今聞かずに、一年後に質問したら「そんなこと、まだ知らなかったのか」と言われるだけです。今が聞き時です。

もう一つ、質問するにしてもルールがあります。先輩も仕事をしているわけですから次の三つの約束ごとを守って下さい。

1　タイミングをみる
何かしている人に話しかけるとき、いきなり質問するのは相手のペースを乱します。「今、一、二分いいですか」「一つ聞いてもいいですか」と断ってOKが出てから質問します。

2　聞くことは箇条書きにしておく
質問は一度に、多くても三つまでにします。

3　聞いたことの理解が正しいか確認する
間違った解釈で実行すると、教えた人にも迷惑がかかります。必ず「こういうことでいいですか」と確認をします。実行はそれからにして下さいね。

「くだらない」と思えるようなことを聞いても笑われずにすむのは、新人の今のうちです。遠慮せず、社会人らしく、質問のルールを守って、わからないことは、どんどん質問して下さい。ただ、同じことばかり何度も聞かないこと。私も銀行の新人時代、教育係の先輩に「同じことを二度聞かないでね」と言われて困りました。それで編み出したのが、自分だけのマニュアルノート作り。教えられたことを、自分が使いやすいように整理して記録していきました。あなたも自分なりのやり方で、疑問点がクリアになるたびに積み上げていくと、この先、役に立つと思います。

嫌いな上司がいて仕事が手につかない

Q 職場に生理的にイヤな上司がいて困っています。こちらが嫌っているのが向こうにもわかるようで、私の出した企画はことごとく却下してきます。大好きな仕事なのですが、今は出社するとその上司のことばかり考えてしまい、仕事に集中できません。いっそ辞めようかとも思います。どうしたらいいですか。

（PR会社勤務／27歳／女性）

A 自分の心の領域の使い方をコントロールしよう

私はいつも言うのですが「他人を変えることはできない。変えられるのは自分の見方だけ」なんです。あなたが今、その上司に向けているエネルギーは無駄でしかありません。せっかく好きな仕事なのにもったいないことです。

私の所へ「会社を辞めたい」と言ってきた女性も、上司とうまくいかずに悩んでいました。私が言ったのは「その嫌いな上司をあなたの心の領域から出す工夫ができないかな。その人がいるのはしょうがない、だから自分はその人を見ない。いい、悪いというジャッジをしない。そのエネルギーを、その人でなく仕事に向けてみない？」ということでした。

彼女は、ほかの部署と連携する仕事を提案。その上司とぶつからずにできるプロジェクトに参加して仕事をするようになりました。今はもう上司が気にならなくなったとか。彼女は新しい仕事を作ることで、イヤな相手を見えないところへ押し出してしまったのです。

職場の人間関係は、基本的に自分の問題です。「その人を自分の領域のどこまで立ち入らせるか」なんですね。その上司のことばかり考えてしまう、というのは「あ、いる いる」「また、あんなことしている」とそれだけ自分の心と意識を費やしている、ということ。その費やしているエネルギーを、仕事に振り向けてしまうんです。イヤな相手を締め出すのではなく、自分の中に代わりのものを入れてやる。

失恋したとき、よく新しい恋をするのが一番の薬だ、といいますよね。その上司のことを気にする代わりに、その人抜きでできる仕事を探してエネルギーを注いでみて下さい。仕事の場では、エネルギーは仕事にかけるべき、と私は思います。

職場で友達ができない

Q 私には「会社の友人」がいません。周りの人は、休日によその部署の後輩と旅行に行ったり、退社後、同期の人と一緒に買い物をしたりしているのに、私にはそういう友人ができないのです。どこがいけないのでしょうか?

（食品メーカー勤務／23歳／女性）

A **誘いがいのある人になる努力をしよう**

会社に「友人」がいないからといって、いけないことはありません。就職して働くようになると、学生時代の友人とは退社時間や休みも合わなくなって、なかなか会えなくなりますね。そういう意味で、「会社の友人」は便利です。時間を調整せずに映画に行ったり、ご飯を食べに行ったりできますから。でも、あなたがほしいのは、そういう便利な友達でしょうか。それとも本当に心を許せる友達でしょうか？　そこを考えてみる必要がありそうですね。

それからもう一つ。もしかしたら、あなたは周りの人たちが楽しんでいる旅行や買い物に、誘ってもらえないのが寂しいのではありませんか？　本当は誘ってほしいのに、声がかからないので「私だけ友人がいない」と思っているのではないかしら。

私も昔そんなことがありました。結婚して働いていた頃、同期の友達が映画や食事に誘ってくれなくなった。「どうして私だけ誘ってくれないの？」と聞いたんです。そうしたら「前に誘ったら断られた。やっぱり結婚すると早く家へ帰らなくちゃならないんだ、と思ってがっかりした」と言うんです。断ったことを私は覚えていなかった。誘った人の気持ちを考えていなかった、がっかりさせて悪かった、と反省しました。

それからは断るときも「ありがとう、誘ってくれて。だけど今日は」とお礼を言ってから断るようにしました。同期の人たちも「別に来なくてもいいけど、一応誘うわね」

と声をかけてくれるようになりましたね。こちらから「私も誘ってくれる?」と言うのは、なかなか難しいと思いますが、誘いがいのある人になる方法はあるんです。

もしかしたら、あなたの周りに、誘いづらい雰囲気が漂ってはいませんか。

仕事とプライベートをはっきり分けたい

Q 職場は飲み会やイベントが盛んです。私は、仕事とプライベートは、きっちり分けたい方です。職場の上司や同僚とは、オフィスでだけつきあう、というのが私のスタイルなのですが、うまく貫けません。何かいい方法はありませんか。

(印刷会社勤務/26歳/男性)

A **型にはめた「つきあい」はもったいない**

最近「仕事以外の時間まで、仕事の場で一緒の人といたくない」という人、多いですね。でも「職場の人間関係」「プライベートの人間関係」って、そんなにはっきり分けられるものでしょうか。

仕事というのは協力し合うことなんですね。日頃から、コミュニケーションをうまくとっていないと、困ったときに助けてもらえなかったり、「助けて」と言えなかったり、支障が出ると思います。だから、飲み会を断るなら「誘って頂いてありがとうございます。お酒は今ちょっと控えているものですから」というふうに、関係を損なわない言い方を工夫します。「仕事場の人と飲みたくない」というのは、あなたの理由で、相手に理解してもらうことはできませんから。でも、この言いわけ、そう何度も使えませんよね。

私はこう思います。職場の人間関係はこう、と決めつけるのはもったいない。飲み会の砕けた雰囲気の中で、同僚の新しい一面が見えたり、職場では話しにくかったことを言ってもらえたりすることがある。何かが得られるチャンスになることもあるんです。

それに、もしイヤな上司や同僚が一緒でも、人間て、居心地の悪い空間で成長することもある。ストレスに強くなりますから。それは、仕事をする上で、必ずあなたのプラスになると思いますよ。

ただ、どうしてもイヤな相手がいて早く引き揚げたいときの秘策を。飲み始めて「かんぱ〜い」、それから二杯め、三杯めとなると、たいてい「次、どうします?」となりますよね。そのとき「あ、これ最後の一杯にしておきます」と言うんです。時間ではなく、お酒の量を目安にするわけです。それで「これを飲んだら、失礼します」。これなら、円満に抜けられると思います。私も、一度そうしたいと思っているんですが、なかなか四杯ではやめられなくて。でも、タイミングは間違っていないと思います。

仕事ぶりを正当に評価してほしい

Q 入社して四年になります。自分が思ったほど評価されていない、と感じています。仕事には手を抜かず、きちんとこなしているつもりです。それなのに、ミスをした後輩に「次から気をつけてよ」と笑っている主任が、ちょっと報告が遅れたくらいで私のことは厳しく叱ったりします。頑張っているのに、認めてもらえないようでつらいです。どうしたら、ちゃんと評価してもらえるのでしょうか。

（雑貨メーカー勤務／25歳／女性）

A 評価は一面だけ見ない

まず評価というものについて。評価には自己評価と他者評価があります。自分がよくやっている、と思っても他人はそう思わない。よくあることです。自己評価と他者評価は違う、ということ。ですから、その主任に認められようとばかり思っていると、大事なことを飛ばしてしまうかもしれません。評価に合わせて、自分の仕事を振り回されないようにして下さいね。

それでもほめてもらいたいとき、自己申告します。「私は自分がやっていることを、人に伝えるのが下手なようです。でも、人にほめられると、力が出るタイプなので、時々言葉で評価して頂けるとうれしいです」というふうに。

けれど、会社は大きな所帯です。その主任以外にもたくさんの人が働いていますよね。

私は、あなたの働きぶりを見ている人が、必ずほかにいる、と思います。

銀行員時代、こんなことがありました。私は窓口の仕事がしたかったのですが、なかなかやらせてもらえなかった。社会常識が足りなくて評価が低かったのです。そこで、自分で仕事に取り組む姿勢を変えようと思いました。毎朝早く出社して、机や窓口の印鑑、朱肉などをきれいにしました。それから近所の喫茶店で朝食をとっていました。その朝食の場面だけ、上司に見られた。「朝から、何やってるんだ」と叱られました。すると入り口で警備の仕事に就いている人が「あの子は、ここ半年、毎日早く来て窓口や机の掃除をしているんだよ」と話してくれたのです。「誰かが見ていてくれる」と実感しました。

そう、あなたが本当に真面目に仕事に取り組んでさえいれば、その上司でなくても、誰かが必ず見てくれています。あなたを評価してくれる人は、必ずいると思いますよ。

コラム

働き始めたばかりの若者たちに、先輩や上司ができること

若者たちの先輩や上司に当たる世代の人にとって、ここに集められた悩みの多くは、驚くようなものかもしれません。「なぜこんなことで悩むのかわからない」というのが本音でしょう。けれども、二年間、集中的に若者たちの働く悩みを聞いて、私には一つわかったことがあります。それは彼らの「悩み」が実は「不安」だ、ということでした。

彼らはバブル期を知らない世代です。もの心ついた頃、すでに景気は低迷、日本経済は常に右肩上がりに成長し続ける、という神話も消え去っていました。若者たちは、明日は今日よりもっといい日、というような楽観主義とは無縁で育ってきたのです。

そんな彼らがもっとも怖れるのは「失敗」です。一度失敗したら敗者復活はない、と信じているからです。そのため、新しいことにぶつかると、楽しみというより面倒なことと感じるようです。新しいことに挑戦するより、現状維持でそつなくいきたい。それが彼らの願いです。結果として挫折経験も減りますが「失敗」に対する耐性も弱くなってしまいます。

そんな彼らが、学校を出て社会に飛び出したとき、不安でいっぱいになるのは当然だ、と私は思います。若者たちには、仕事の場は「大人のルール」で動いているように見えるでしょう。彼らはそのよくわからないルールに従って、見よう見まねで自分の仕事を選び、働いていかなくてはなりません。

当然、小さな躓《つまず》きや失敗が起こります。彼らにとって、それは自分自身を全否定されるほどの痛手なのです。「どうせ私なんか」「なぜ私だけが」と悩みを書き綴ってくる若者たちは、自信をなくし、孤立感にとらわれていました。

「悩み」は「不安」だったのです。

彼らが求めているのは「答え」より「安心」ではないか、と私は思いました。悩み＝不安を解決するのは、あくまでその人自身です。けれども、人に話すことで自分とは違う視点を知ることができる。「そうか、そういう見方もあったか」あるいは「なるほど、そんな理由で自分は不安だったのか」という検証ができる。そのとき、漠然とした不安を、理由のある不安に変えることができるのではないか。この発見が私の答える姿勢を決めました。

私が彼らの「不安」を「安心」に変えようとしたとき、いつも気をつけたことが二つあります。

一つは、若者たちと私とでは、価値観も文化も違うということを常に心に留めて答えようとしたこと。理解できなくても否定はしない、というスタンスです。

もう一つは、どれほど似通った悩みでも、相談者にはオンリーワン・メッセージで答えるということ。その人の横に立って、できるだけ視線の方向も高さも近づけた上で、私の目に見えたものを話そうと心がけました。

言ってみれば、私がしたのは、悩みの解決でもカウンセリングでもありません。彼らの「不安」をごまかさず、ずらさず、ただ受け止めただけです。職場の先輩や上司なら、同じ環境にいる者として、もっとうまくできることだと思います。

大切なのは、若者の働く悩みを受け止める姿勢と、少しだけ言葉を増やすことではないでしょうか。「否定しない」「同じ視線に近づく」という姿勢を心がけると、私たちは自然と言葉をつくし、ていねいに説明するようになるものです。

また職場の先輩や上司であれば、人を動かすのは頭で考えた理屈ではなく、具体的なイメージを伴った想いであることを経験から知っていることでしょう。「そんなことで悩むなんて社会人として失格だな」「悩む暇があったら働いて覚えろ」などという理屈で人は動きません。自分は若い頃こんな経験をして、こんなことを学んだ。自分にはその問題は、こんなふうに見える、という話をしてあげて下さい。そして、心の深いところで「彼らが失敗したら自分が引き受ける」という覚悟を持って下さい。その受け止める姿勢と、引き受ける覚悟が、働き始めたばかりの若者たちを一歩前へ動かし、育てるのではないか、と私は思います。

彼らが彼らなりのやり方で、生き生きと働けるように、先輩として上司として、是非手を貸してあげてほしい。それが、また後に続く若い人たちのために、幸せに働く道をつけることになるのです。

第四章 若者に接する上司や先輩や親が抱える悩み

幸いにも、この連載は多くの人に読んで頂けたようです。相談者と同世代の若者だけでなく、彼らの上司や親世代の人たちからも、あちこちで「読んでいますよ」と声をかけられました。そして、大人の側からの疑問や相談を投げかけられることも少なくありませんでした。

ここでは、その代表的な質問を紹介して、答えていこうと思います。

なぜこんなことで悩むのか理解できない

Q 若い人たちの働く悩み、というのが、こんな小さなことなのか、と正直驚きました。私だったら、こんな悩みに対する答えは一行で済んでしまいます。「自分で考えろ」。なぜ、こんなことで悩むのか、そこのところから理解できません。

（飲料メーカー勤務／48歳／男性）

A 理解しなくていい。解決法を伝えて

悩みの大きさには、遠近法がかかってくるものです。長く経験を積んで、乗り越えた悩みの数も増えるほど、昔の悩みは小さく見える。若い人たちの悩みが、あなたには小さく見えるのは、それがすでにクリアして、遠くにあるものだから、ではありませんか。

また、私たちは、自分の経験は大変なことのように思うけれど、他人の経験は軽く見る傾向もありますよね。若者たちの働く悩みが「小さく」見えるのは「遠いこと」「他人事であること」その二重の錯覚が加わるせいだと思います。

私も、若者たちから見れば、母親の年齢です。悩みを聞くとき、気をつけていることが二つあります。一つは、その悩みに対してジャッジをしないこと。悩みというのは、本当に個人的なものだからです。

もう一つは、できるだけその人と並んで、近い位置に立とうとしてみます。まったく

同じ場所に身を置くことはできませんが、上から見たり、前から見たりしたのでは視線が大きく違ってきます。ですから、できるだけ横に並んで見ようとします。近くから見ても、目が違えば当然、見えるものは違いますよね。私は、それを話すようにしています。こんな見方もあるよ、ということです。

もし、あなたの部署の若い社員が悩みを相談しにやって来たら、こんなふうに対応してみませんか。

「自分には、古い話でよくわからない部分があるな」。まず「わからない」というところから。

「でも、そういう悩みは越えてきたから、解決法はわかるかもしれないよ」

その悩みを理解する必要はないんです。年の功で「どう乗り越えるかはわかる」と伝えてあげればいいんです。

女性の部下はなぜ泣くのか

Q 若い女性の部下と仕事の話をしていて、泣かれてそれ以上話ができなくなる、という経験が何度かあります。何か注意している場合だけでなく、こちらとしてはごく普通の話をしているつもりでも泣かれてしまうと、どうしていいかわかりません。対処法を教えて下さい。

（アパレルメーカー勤務／44歳／男性）

A 感情に感情で対応しない

昔から職場で泣く女性はいました。失敗を叱られて悲しかったり、仕事がうまくできなかった自分が悔しかったり。でも、給湯室やトイレで泣いていた。それが、今は上司の前で泣いてしまうんですね。「泣く」というのは感情の表れですから、理解しようとしない方がいい。言葉にできない感情が涙になるんです。

ですから、感情に感情で対応しないこと。泣いているというのは本人の問題です。だから、つい「ごめんね」などと言いたくなりますが、声をかけない方がいいのです。あなたが泣かせたわけではないんですから。

そしていったん話を切りましょう。「感情が出ちゃったね。仕事の話は難しそうだから、落ち着いてからまた話そうか」とその場を離れます。もし、その女性を一人にするのが心配なら、彼女が信頼しているほかの女性社員に「ちょっとなだめてやってくれ」と頼んでもいいと思います。

ただ、それほど何度も、あなたの前で女性社員が泣くようなら、自分の行動を振り返ってみてはどうでしょう。例えば、あまり泣かないタイプで彼女と同年代の女性に「自分の話し方に、感情のスイッチを押す何かがあるようなんだけど、客観的にみてどうだろう」と聞いてみる。

あるいは、あなたの指摘の仕方、アドバイスならアドバイスの言葉の選び方が、相手にとってピンポイントにすぎる、ということも考えられます。私も、銀行で新人教育を担当していた頃、経験を重ねるたびに余裕が出て、新人との年齢差が大きくなるほど、厳しさが薄まった記憶があります。子どもは必死で育てるけれど、孫はただ可愛い、ということと似ているかもしれません。甘くする必要はありませんが、育てるつもりの厳しさが、逆に若い人をつぶしてしまうこともあるのです。

仕事を「できません」と言う部下

Q そつなく仕事をこなしている部下に、新たに少しステップアップした仕事をさせようとしたところ、ひと言「できません」と答えられ、とりつく島もありませんでした。私自身、仕事はだんだん難しいものをこなして、自分も成長していくものだと思ってきたので、非常に驚きました。なぜ「できません」などと言うのか、理解できません。

（出版社勤務／54歳／男性）

今の若者たちが、どんな環境で育ってきたか、少しお話ししますね。彼らは、生まれたときから、なんでもほしいものが周りにあった世代です。戦後、ほしければ自分たちで作り出すしかなかった時代とは明らかに違う。ですから「獲得意欲」が薄いんです。「もらえないなら、自分から取りに行く」といった行動を起こそうという意欲が薄い。

それがまず一つ。

それから、新しいこと、クリエイティブなことに挑戦する、という経験が少ない。子育てや学校の現場で奨励されるのは「みんな一緒に、同じことをやりなさい。一人だけ、変わったことをしてはいけませんよ」ということなんです。ですから、せっかく一つ仕事を覚えて、うまくやれるようになったのに、また一から始めるのはしんどいと思ってしまう。

その結果どうなるか、というと、こつこつ努力して積み上げた結果、何かを得る体験も少ないんです。企業は採用時に、相変わらず体育会系や、有名大学の卒業生を優遇していますが、それも一理ある。スポーツに打ち込んだ学生や、難関といわれる大学に合格した学生は、つらい練習や勉強に耐えて、何かをつかんだ経験をしているからです。先の見えない努力を重ねた先に、ポンと一つステップを上がるという経験です。そういう人には、今の仕事が、将来もっと大きな仕事につながる、という話は通じやすいですよね。

ですから、上司の皆さんには、二つお願いがあります。一つは、上司の責任として

「できません」という部下を見限らないでほしい。「できません」と言ったら、こんなふうに答えて下さい。

「そうか、残念だな。仕事というのは、積み重ねた結果、新しいものが生まれてくる面白さがあるんだが。君がこの仕事をやったら、また別の君の能力が出てくると、楽しみにしていたんだ」

　これは、若い部下が「新しいこと」に感情的に拒否反応を示しているとき、同じ感情で答えるという方法です。

　もう一つ、仕事としてジャッジする部分と、上司でもジャッジできない部分を見きわめる。「その仕事のやり方はよくない」と言うのはいいが、たとえ上司と部下という関係でも「君の考え方、生き方がよくない」とは言えない、ということです。理解はできなくても、否定はしないで下さい。

　この二つの姿勢を試してみませんか。「できません」と言った部下との関係に、上司対部下というだけでない視線が生まれるのでは、と思います。

過酷勤務の娘を転職させたい

Q 娘の勤務内容があまりに過酷なので転職させたいと考えています。休みの日もほとんど出勤し、始業前に働き始め、帰宅はたいてい夜中過ぎです。勤務中は食事時間も不規則でとれないこともあるようです。休日は寝るだけ。これではいずれ体を壊しそうです。過労死でもしたら、と心配でなりません。

A 頑張りを認めた上で心配を伝えて

新人時代の仕事はきついことが多いものです。たいていの場合なら私も、踏ん張りどきだから見守って、とお願いしますが、お嬢さんの現状ではちゅうちょしてしまいます。

お母さんは、健康が一番心配ですよね。健康あっての仕事ですから。ただ、お嬢さんは「辞めたらみんなに迷惑をかける」という責任感で持ちこたえているようですし、仕事のやりがいになっているのかもしれません。頭ごなしに「辞めなさい」と言っても聞けない状態かもしれません。

では、どういう形なら健康管理ができる状況に持っていけるでしょうか。まずは、お嬢さんとゆっくりと話せる時間を作ります。最初に伝えるのは、頑張りを認めている、ということ。そして頑張るあまりに体を壊したり、心の余裕をなくしたりするのを心配していること、自分の時間や大切な人との交流が失われていることを考えてみて。そう提案してみませんか。

その場合、決めるのはあなただけれど、会社も仕事も、もう一度選ぶこともできる、と言って下さい。そして、今の会社のいいところとつらいところを全部吐き出すことが必要です。早く辞めるよう勧めるのではなく、まずお母さんが現状を受け止め、そこまで頑張る根本の理由を知り、その上で、彼女が他の仕事や会社を選べる気持ちの余裕が出るような支援をしてみて下さい。きっかけは、あったかな布団だったり、おいしいおみそ汁だったり、ちょっとした会話だったりするかもしれません。ほんの短時間でも、バタバタしているときはしみるものです。

そして一言。「あなたの頑張りをお母さんも応援したいけど、頑張りすぎないでね。

他を見る時間を持ちなさい。人生はこれからだから体を壊してはどうにもならないよ」と付け加えて下さい。

親としてできることは何ですか

Q 就活中の子どもがおります。将来について父親の立場からアドバイスしたいと思うのですが、日頃接する時間がなくコミュニケーションが足りないせいか、どうもうまくいきません。子どもが自分にふさわしい仕事を見つけるために、どうすれば短時間のコミュニケーションでも、有効なサポートができるでしょうか。

（会社員／50歳／男性）

A **社会人の先輩として情報発信**

子どもとのコミュニケーションでは、何かを聞き出そうとか、会話を弾ませたいという姿勢・考えから少し離れませんか。

ご自身の子どもの頃を思い出して下さい。期末試験前、気合を入れて机に向かった途端に「勉強してる？」と部屋をのぞかれ、やる気をなくしたことはありませんか。

子どもは今、就職という大きな選択の局面で、必死に頑張ろうとしているのです。親に求めているのは、なによりも理解と安心だと思います。一番ほしいのは、社会からの情報です。「どうなんだ」「何か助けようか」と問いかけるより、「こんな業界が面白いって取引先から聞いたんだよ」とか、「この記事は興味深いなぁ～」とか、情報の発信をすればいいのです。

子どもが反応しなくても、常に語りかけている姿勢が大切だと思います。子どもも就職活動で気持ちが揺れています。人生経験からつい結果論になり、「今、頑張らないと後が困る」とか、「そのぐらいで落ち込んでどうする」などと決めつけるようなせりふは、子どもにとっては「わかってくれてない」と会話の意欲をなくすものです。

「今の就職活動は随分早いなぁ～。焦る気持ちはあるだろうが、会社を探す前に社会や仕事の情報を集めておけよ」とか、「他人は靴にも目が行くんだから、磨き方を伝授しておこうか」などと、社会人の先輩としての視点から伝えてはどうでしょう。

また、就職試験が終わったときに言ってはいけない一言は「どうだった?」です。結果が良ければ自分から言います。まずは、帰宅した子どもにかける言葉は「お風呂入って休みなさい」です。子どもは自分から言う機会を見つけます。どんと構えましょう。

就職の相談を受けるコツは

Q 私の大学の就職課には、就活を終えた学生が、就活に臨む後輩の相談に乗るキャリアアドバイザー制度があります。ボランティアですが、カウンセリングの基礎などが学べて、後輩の役にも立てるのでやってみようと考えています。そこで、アドバイザーになるにあたって何に気をつければよいか、どんなことを身につければよいか、相談を受けるためのコツなどを教えてください。

(早稲田大4年/LUCEさん)

A **気持ちを映す「鏡」になって**

恋人から突然「もう駄目かも」と言われたら、あなたはどうしますか。友達に電話をして、とにかく話を聞いてもらいたくなりませんか。話して、話して。泣いて。怒って。そして、「あぁ～そうだったのか」と妙に一人で納得したり、気持ちが落ち着いたりしないでしょうか。

それが相手から、「あなたにも悪いところあるじゃない」とか、「こうすればいいんじゃないの」とか、アドバイスやら苦言をちょうだいすると、たとえそれが間違ってなくても、後味が悪くて別の誰かに電話をしてしまう。そんな経験、あると思います。つらいときやうれしいとき、人はたいてい、「相づち上手な素晴らしい聞き役」を探します。そして、「話をしているうちに結論は自分で出している」。そんなことが多いものです。きちんとしたカウンセリングと日常会話を一緒にすることは絶対にできません。ただ、学生同士の援助として経験者が未経験者の相談に乗るのであれば、両者にとって大切なのは、「人は話を吐き出すことで様々なことに自分で気づく」、と実感することではないでしょうか。

聞き役になるときは自分の考え（価値観）や経験を押しつけないこと。そして、相手が自分の言葉を反芻《はんすう》するための「鏡」や「補聴器」になるように心がけること。沈黙の中にも感情があります。脈絡がなくても、矛盾していても、言葉が途切れてもいいと思います。その人は言葉に出すことで自分の状況や気持ちに気づき、改めて実感し、その先が見えるのではないでしょうか。

聞き役をすることで、自分でも気づかなかった自分自身に出会えることもあります。最高の聞き役になることは、自分にとってすごい技能を持てるチャンスなのです。

おわりに

二年間の新聞連載が終わった頃、メディアは続々と就職事情を「売り手市場へ」という言葉で情報を流し始めました。

私は、「売り手市場」「買い手市場」「負け組」「勝ち組」という言葉を使って労働を語ることに違和感と拒絶感を持ち続けています。

これらの言葉により、若者たちは自分自身の労働意欲や学び・人格・価値観すべてがその「未知の市場」へ売られようとしていることに言い知れぬ恐怖と不安を抱き、その市場とやらへ「行きたくない」という気持ちになるのは当然だろうと思うからです。

このような大人たちのやや無神経な都合で作られた言葉やイメージで混乱と不安にさ

せられた若者が決して少なくないことをこの二年間の連載で思い知りました。
これは私たち大人が若者を大人社会へ迎えいれる責任を有していることをもっと考えなければならないとも言えるのではないでしょうか？

ある日、私が講師をしている就職支援セミナーで、ひとりの若者がセミナー終了後に質問をしてきました。私がその質問に答えたとき、その若者はぽろぽろと涙を流し始めました。最初はその涙の意味が私にはわかりませんでした。少し落ち着いた頃に「大丈夫？」と声をかけましたら、「実は、私は数カ月前に新聞の質問コーナーで回答をしてもらいました。その回答をした人がどんな人で、本当に答えたのかな？　と、とっても心配だったんです。でも、今日同じように答えて下さって、安心しました」と笑顔で帰っていきました。

私自身、新聞の紙面上でどれだけの悩みに向かい合うことが自分にできるのだろうか？　と悩みました。八百字弱という制限の中で精一杯受け止めよう。決めつけないで考えよう。それだけを私の軸としました。

本当に私がこの連載で一番たくさんの気づきをもらったと思います。これからも不安に追い立てられていく若者の問い掛けに精一杯答えていきたいと思っています。

若者には正解を探す人生ではなく、答えの導き出されていない式を作り続けるような人生であってほしいと思っています。

最後に新聞連載に投稿するという勇気のいる行動をしてくれたたくさんの方へ改めてお礼を申し上げます。

また、この連載を粘り強く応援してくれた朝日新聞レッツ編集部の皆さん。そして、連載を新書にするということを実現してくださった幻冬舎の皆さん。改めて素敵な仕事をありがとう。

この作品は二〇〇五年四月から二〇〇七年三月まで朝日新聞に掲載されたものに加筆修正しました。掲載許諾の連絡がとれなかった一部の質問に関しては、質問者のペンネーム、年齢などを記載せず、質問内容を新たに作成しました。

著者略歴

小島貴子《こじまたかこ》

一九五八年生まれ。立教大学大学院ビジネスデザイン研究科准教授。キャリアカウンセラー。大手銀行に入行後、新人教育を担当。九一年に埼玉県の職業訓練指導員になり、キャリアカウンセリングを学ぶ。以後、若者だけでなく中高年の再就職支援や就職支援プログラムの企画運営など、多方面へのキャリア形成研究講座を実践。著書に『子供を就職させる本』『働く女の転機予報』『もう一度働く！55歳からの就職読本』『就職迷子の若者たち』などがある。

幻冬舎新書 045

働く意味

二〇〇七年七月三十日　第一刷発行

著者　小島貴子

発行者　見城　徹

発行所　株式会社 幻冬舎

〒一五一-〇〇五一　東京都渋谷区千駄ヶ谷四-九-七

電話　〇三-五四一一-六二一一(編集)

〇三-五四一一-六二二二(営業)

振替　〇〇一二〇-八-七六七六四三

ブックデザイン　鈴木成一デザイン室

印刷・製本所　中央精版印刷株式会社

GENTOSHA

Printed in Japan　ISBN978-4-344-98044-0　C0295

こ-5-1

幻冬舎ホームページアドレスhttp://www.gentosha.co.jp/

＊この本に関するご意見・ご感想をメールでお寄せいただく場合は、comment@gentosha.co.jpまで。

幻冬舎新書

大野裕
不安症を治す
対人不安・パフォーマンス恐怖にもう苦しまない

内気、あがり性、神経質——「性格」ではなく「病気」だから治ります。うつ、アルコール依存症に次いで多い精神疾患といわれる「社会不安障害」を中心に、つらい不安・緊張への対処法を解説。

島田紳助
ご飯を大盛りにするオバチャンの店は必ず繁盛する
絶対に失敗しないビジネス経営哲学

既存のビジネスモデルはすべて失敗例である——。素人だからこその非常識を実現化する魔法のアイデア構築法、客との心理戦に負けない必勝戦略など、著者が初めて記す不世出の経営哲学書！

本田直之
レバレッジ時間術
ノーリスク・ハイリターンの成功原則

「忙しく働いているのに成果が上がらない人」から「ゆとりがあって結果も残す人」へ。スケジューリング、ＴｏＤｏリスト、睡眠、隙間時間ｅｔｃ．最小の努力で最大の成果を上げる「時間投資」のノウハウ。

坪井信行
100億円はゴミ同然
アナリスト、トレーダーの24時間

巨額マネーを秒単位で動かし、市場を操るトレーディングの世界。そこで働く勝負師だけが知る、未来予測と情報戦に勝つ術とは？　複雑な投資業界の構造と、異常な感覚で生き抜くプロ集団の実態。

幻冬舎新書

小浜逸郎
死にたくないが、生きたくもない。

死ぬまであと二十年。僕ら団塊の世代を早く「老人」と認めてくれ――「生涯現役」「アンチエイジング」など「老い」をめぐる時代の空気への違和感を吐露しつつ問う、枯れるように死んでいくための哲学。

小山薫堂
考えないヒント
アイデアはこうして生まれる

「考えている」かぎり、何も、ひらめかない――スランプ知らず、ストレス知らずで「アイデア」を仕事にしてきたクリエイターが、20年のキャリアをとおして確信した逆転の発想法を大公開。

白川道
大人のための嘘のたしなみ

仕事がうまくいかない、異性と上手につき合えない……すべては嘘が下手なせい！　波瀾万丈な半生の中で多種多様な嘘にまみれてきた著者が、嘘のつき方・つき合い方を指南する現代人必読の書。

和田秀樹
バカとは何か

他人にバカ呼ばわりされることを極度に恐れる著者による、バカの治療法。最近、目につく周囲のバカを、精神医学、心理学、認知科学から診断し、処方箋を教示。脳の格差社会化を食い止めろ！

幻冬舎新書

みのもんた
義理と人情
僕はなぜ働くのか

仕事は「好き」から「楽しい」で一人前、1円玉を拾え、人の心を打つのは「本気」だけ。ひと月のレギュラー番組三十二本、一日の睡眠時間三時間。「日本一働く男」の仕事とお金の哲学。

本橋信宏
心を開かせる技術
AV女優から元赤軍派議長まで

人見知りで口べたでも大丈夫! 難攻不落の相手の口説き方、論争の仕方、秘密の聞き出し方など、大物、悪党、強面、800人以上のAV女優を取材した座談の名手が明かす究極のインタビュー術!!

香山リカ
スピリチュアルにハマる人、ハマらない人

いま「魂」「守護霊」「前世」の話題が明るく普通に語られるのはなぜか? 死生観の混乱、内向き志向などとも通底する、スピリチュアル・ブームの深層にひそむ日本人のメンタリティの変化を読む。

日垣隆
すぐに稼げる文章術

メール、ブログ、企画書etc. 元手も素質も努力も要らない。「書ける」が一番、金になる——毎月の締切50本のほか、有料メルマガ、ネット通販と「書いて稼ぐ」を極めた著者がそのノウハウを伝授。